I0137812

"...et j'aime la Liberté."

L. N. BONAPARTE. 1839.

0742

DES

IDÉES NAPOLÉONIENNES.

PAR

LOUIS-NAPOLÉON BONAPARTE,

(Empereur des Français.)

AVEC UN AVERTISSEMENT DE L'ÉDITEUR.

SIXIÈME ÉDITION.

LONDRES:

W. JEFFS, 15, BURLINGTON ARCADE,

ET 69, KING'S ROAD, BRIGHTON,

Foreign Bookseller to the Royal Family.

1860.

8°Lb⁵¹

2960 E

Droit de Traduction réservé.

AVERTISSEMENT DE L'ÉDITEUR.

Nous réimprimons textuellement les *Idées Napoléoniennes* telles qu'elles ont paru en 1848 dans les œuvres de Louis-Napoléon Bonaparte, éditées par M. Temblaire.

Tant que le prince Louis-Napoléon a été en exil, ou maître seulement d'un pouvoir temporaire et limité, cet ouvrage avait peu d'intérêt pour le monde politique. C'était un hommage rendu par un membre de la famille Bonaparte au chef qui l'a immortalisée ; et bien que cet hommage fût excessif, c'était un acte de piété filiale, dont on pouvait excuser l'exagération, quoiqu'elle fût bien aveugle, par le sentiment assez naturel qui avait animé l'écrivain. La pensée véritable de Napoléon Ier pouvait paraître très-faussement interprétée par son neveu. Sa politique était jugée avec une partialité qui touchait presque toujours au paradoxe et à l'erreur. Mais ce n'était après tout qu'une œuvre littéraire et historique d'un goût très-contestable et d'une exactitude plus contestable encore. Le portrait du premier empereur était tellement flatté qu'il en était méconnaissable; mais de la main d'un parent ce n'était qu'une faiblesse; et après la tentative de Strasbourg, avant celle de Boulogne, personne ne prenait au sérieux les prétentions peu justifiées de ce parent aventureux qui était candidat au trône de France.

Le malheur des temps a voulu que ces prétentions devinssent une réalité, et que la monarchie de Juillet eût pour successeur celui qu'elle avait amnistié deux fois. Les *Idées Napoléoniennes* ne sont donc plus aujourd'hui un pur exercice de rhétorique, et un texte de déclamations; c'est désormais un programme politique, dont l'auteur, par un caprice étrange de la fortune, est devenu tout-puissant. Ce n'est plus un auteur novice qui écrit: c'est un empereur qui exécute; et ce qui pouvait passer jadis pour une rêverie assez innocente devient aujourd'hui la règle du gouvernement d'une grande et puissante nation.

Cette règle de gouvernement, celui qui l'avait posée, s'y est-il conformé? Non, en tout ce qui concernait les promesses faites à la France ; oui, en tout ce qui était une menace pour l'Europe. Les promesses se sont évanouies ; la menace reste. La France a perdu sa liberté, et l'Europe a perdu son repos.

Quant à nous, la politique intérieure de la France ne nous regarde pas à proprement parler, quoique, indirectement, elle nous intéresse beaucoup ; et ce n'est point à nous qu'il appartient de demander compte à l'auteur des *Idées Napoléoniennes* de ses engagements envers le peuple français ; mais la politique étrangère qui se déroule dans les *Idées Napoléoniennes* nous regarde au premier chef ; car nous pouvons chaque jour en être les victimes ; et cet ouvrage, bien qu'il ait été composé il y a plus de vingt ans, jette une grande lumière sur les intentions et les projets de celui qui conduit pour le moment les destinées de la France, et qui peut avoir tant d'action sur celle de l'Europe.

C'est là ce qui nous a determiné a réimprimer

cet opuscule, qui est devenu d'ailleurs assez rare, et qui doit désormais exciter plus qu'une curiosité rétrospective.   On y verra les desseins que l'héritier des Bonaparte prête au fondateur de la dynastie; et l'on s'apercevra sans peine que Napoléon III se fait l'exécuteur testamentaire de celui dont il se flattait de comprendre la pensée mieux que personne.   Il faut bien le dire, il ne s'agit de rien moins que de remanier l'Europe tout entière pour la modeler sur le prétendu système Napoléonien; et l'on peut être assuré que si quelque hasard ne met un brusque terme à cette autre conspiration ourdie de longue main, le chef actuel de l'Empire français poursuivra résolument une œuvre qu'il peut aujourd'hui réaliser à la tête de 700,000 hommes, qui passent pour les premiers soldats du monde.

A ce titre les *Idées Napoléoniennes* méritent actuellement une attention qu'elles n'appellent point d'ailleurs par elles-mêmes. Elles étaient jadis un roman; elles ont aujourd'hui toute l'importance d'un avertissement sinistre; et les événements contemporains nous prouvent assez qu'on aurait le plus grand tort de ne pas tenir compte de cette révélation.

Dans la première édition de cet ouvrage, qui a paru à Londres en 1839, l'auteur prend le titre de *Prince ;* dans l'édition de 1856, il s'appelle l'empereur Napoléon III ; dans celle de 1848, que nous reproduisons, il ne prend aucun titre, comme il convient à l'homme qui a dit : " *En présence de la souveraineté nationale, je ne peux et ne veux revendiquer que mes droits de citoyen français. . . . Je ne suis pas un ambitieux, qui rêve tantôt l'Empire et la guerre, tantôt l'application de théories subversives. Élevé dans des pays libres, à l'école du malheur, je resterai toujours fidèle aux devoirs que m'imposeront vos suffrages et les volontés de l'assemblée.*"[1] "*D'après les opinions que j'avance, on voit que mes principes sont entièrement républicains.*"[2]

Certes, il existe entre ces affirmations précises, relevées au hasard dans les œuvres de Louis-Napoléon Bonaparte, et les actes de l'Empereur des Français, une contradiction quelquefois si flagrante

[1] Lettre à l'Assemblée nationale, écrite par Napoléon-Louis Bonaparte, le 23 mai, 1848. Œuvres, édition Temblaire, tome 1, page 46.

[2] Rêveries politiques. Ibid. page 76.

qu'il est facile de comprendre pourquoi la presse française, après quelques velléités d'opposition étayées sur des citations extraites des œuvres de Napoléon III, a reçu l'ordre formel de ne jamais à l'avenir faire mention de ce livre.

Nous l'avons dit : en ce qui touche la politique intérieure les *Idées Napoléoniennes* présentent le caractère d'un programme violé, et, sous ce rapport aussi, l'ouvrage mérite au plus haut degré l'attention de tous les hommes politiques qui ont à cœur de voir rétablir en Europe ces grands principes d'honneur, de loyauté, de droiture, de fidélité aux engagements, qui seuls peuvent assurer la paix du monde, la prospérité des états et le progrès de la civilisation humaine.

Ainsi, en relisant l'utopie politique de l'Empereur des Français, et en la comparant aux actes qui se sont accomplis en France depuis dix ans sous sa direction et sa responsabilité, le lecteur verra que l'utopie Napoléonienne est souvent démentie par les faits, et foulée aux pieds sans scrupule par son auteur. Il a dit, dans sa préface (p. xvi.) : " *Des idées qui sont sous l'égide du plus grand génie des temps modernes, peuvent s'avouer sans détour ;*

elles ne sauraient varier au gré de l'atmosphère politique." Or, il est constant que personne comme Napoléon III ne sait se plier aux circonstances, abandonner un plan longtemps mûri, se soustraire aux engagements les plus solennels, lorsque les circonstances, le plan arrêté, les engagements contractés manquent d'atteindre le but qu'il cherche. Le but du Ier Napoléon, dit le IIIe, était *" la liberté. Oui, la liberté ! . . . car la liberté est comme un fleuve : pour qu'elle apporte l'abondance et non la dévastation, il faut qu'on lui creuse un lit large et profond."*[1] Ce lit en France s'est terriblement rétréci depuis dix ans. L'idée Napoléonienne, au point de vue de la théorie des finances, s'est étrangement modifiée depuis la guerre de Crimée et celle d'Italie, et nous serions curieux de savoir si M. Fould et M. Magne sont aussi d'avis que *" la France doit se féliciter de ce que le système d'emprunt, qui écrase aujourd'hui l'Angleterre, n'ait pas été mis en vigueur sous l'Empire."*[2] Il est vrai que Napoléon, ne pouvant faire d'emprunts parce qu'il n'avait pas de crédit, écrasait en revanche le peuple français d'impôts ; mais, ajoute

---

[1] *Idées Napoléoniennes*, p. 21.　　　[2] *Ibid.* p. 44.

Louis Bonaparte :[1] ce moyen "*valait encore mieux que de grever l'État de dettes par le moyen d'emprunts qui ruinent la nation. L'Empereur estimait*[2] *qu'il fallait à la France un budget de* 800,000,000 *pour l'état de guerre, et de* 600,000,000 *pour l'état de paix.*" Si nous ouvrons la *Revue Indépendante*,[3] nous trouvons que le budget de M. Magne se présente en temps de paix avec un chiffre de 1,855,000,000 ; c'est-à-dire avec un excédant de plus d'un milliard sur le budget promis par l'utopie Napoléonienne. Enfin, dans ce livre le senat est le "*garant de la liberté individuelle et de la liberté de la presse*"[4]—mais cet illustre corps n'a jamais protesté que nous sachions contre les transportations à Cayenne, et semble applaudir aux avertissements et suppressions de journaux en France, sorte d'expropriation dont même le servilisme le plus abject ne met pas toujours à l'abri.

On le voit : en ce qui touche la France, les *Idées Napoléoniennes* nous offrent le triste spec-

[1] Œuvres, tome I. p. 137, édition Temblaire.
[2] *Idées Napoléoniennes*, p. 46.
[3] Londres, W. Jeffs ; numéro du 1er mars 1860, p. 132.
[4] *Idées Napoléoniennes*, p. 83.

tacle d'un perpétuel conflit entre l'idée et le fait, la théorie et la pratique, le principe et l'application. En ce qui touche l'Europe, au contraire, ce livre fait ressortir d'une manière terrible ce que, pour le malheur du monde, la pensée Napoléonienne a d'invariable.

Napoléon III a promis dans la constitution de 1852 de couronner l'édifice par la liberté, mais seulement quand il aura remodelé l'Europe à sa façon. Ne dit-il pas, en effet,[1] " *L'Europe Napoléonienne fondée, l'Empereur eût procédé en France aux établissements de paix. Il eût consolidé la liberté: il n'avait qu'à détendre les fils du réseau qu'il avait formé.*" Donc la France peut espérer d'être libre quand l'Europe sera devenue " Napoléonienne."

A Bordeaux Napoléon III avait posé ce principe : "*L'Empire, c'est la paix;*" et il suscita immédiatement après la querelle des Lieux-saints dont le résultat fut la guerre de Crimée. Au milieu des préparatifs formidables qui précédèrent la campagne d'Italie, le *Moniteur* n'affirmait-il pas que les armements de la France ne depassaient nullement

[1] *Idées Napoléoniennes*, p. 137.

le pied de paix ordinaire? Après la conquête de la Lombardie, nous l'avons vu proclamer son désintéressement, et déclarer qu'il avait fait " *la guerre pour une idée;*" puis *revendiquer* Nice et la Savoie comme prix de la victoire.

Le livre que nous publions mérite donc d'être étudié sous un double point de vue. Comme programme de politique intérieure, il contient des promesses dont la violation est un des plus grands scandales de l'Histoire. Comme programme de politique étrangère, il révèle des pensées dont la réalisation ouvrirait des abîmes. ...

Les *Idées Napoléoniennes* ont été écrites uniquement en vue de plaire au peuple français dont il s'agissait de concilier les suffrages. De là ces promesses de liberté, de dignité nationale, d'améliorations financières qu'on n'a pas tenues et qu'on ne tiendra jamais. A l'égard de la France, le programme politique de Napoléon III n'a jamais été qu'un leurre, et sous ce rapport l'Idée Napoléonienne est en contradiction constante avec les faits et les actes de l'Empereur des Français. Mais à l'égard de l'Europe, Louis Bonaparte n'avait point à prendre les mêmes précautions, il n'avait pas a déguiser sa pensée vraie ; il entrait au contraire dans son plan de flatter les ressentiments de la France contre les traités de 1815, en dévoilant la politique étrangère qu'il entendait inaugurer s'il arrivait jamais au pouvoir. L'Europe peut donc chercher en toute sûreté dans les *Idées Napoléoniennes* le programme de la politique extérieure de Napoléon III, programme suivi jusqu'ici avec une constance effrayante, sans déviation réelle, quoique par mille détours, et dont le dernier mot pour l'Angleterre est celui-ci :

" *Je représente devant vous un principe, une cause, une défaite. Le principe, c'est la souveraineté du peuple ; la cause, celle de l'Empire ; la défaite,* WATERLOO. *Le principe, vous l'avez reconnu ; la cause, vous l'avez servie ; la défaite, vous voulez la* VENGER."[1]

L'ÉDITEUR.

Londres, ce 28 Mars 1860.

---

[1] Œuvres, éd. 1848, tome I, p. 22 ; mais supprimé dans les Œuvres de Napoléon III. Paris : 4 vol. in-8°, Amyot, 1856.

PRÉFACE.

Sɪ la destinée que me présageait ma naissance n'eût pas été changée par les événements, neveu de l'Empereur, j'aurais été un des défenseurs de son trône, un des propagateurs de ses idées ; j'aurais eu la gloire d'être un des piliers de son édifice ou de mourir dans un des carrés de sa garde en combattant pour la France. L'Empereur n'est plus !... mais son esprit n'est pas mort. Privé de la possibilité de défendre par les armes son pouvoir tutélaire, je puis au moins essayer de défendre sa mémoire par des écrits. Éclairer l'opinion en recherchant la pensée qui a présidé à ses hautes conceptions, rappeler ses vastes projets, est une tâche qui sourit encore à mon cœur et qui me console de l'exil. La crainte de choquer des opinions contraires ne m'arrêtera pas ; des idées, qui sont sous l'égide du plus grand génie des temps modernes, peuvent s'avouer sans détour ; elles ne sauraient varier au gré de l'atmosphère politique. Ennemi de toute théorie absolue et de toute dépendance morale, je n'ai d'engagement envers aucun parti, envers aucune secte, envers aucun gouvernement ; ma voix est libre comme ma pensée... et j'aime la liberté !

Carlton-Terrace, juillet 1839.

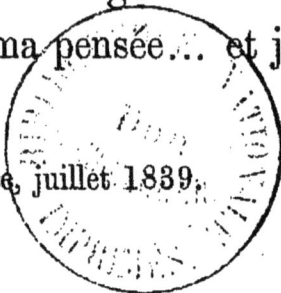

DES

IDÉES NAPOLÉONIENNES.

CHAPITRE I.

DES GOUVERNEMENTS EN GÉNÉRAL.

Mouvement général du progrès.—Forme de gouvernements.—
Leur mission.

TOUTES les révolutions qui ont agité les peuples,
tous les efforts des grands hommes, guerriers ou
législateurs, ne doivent-ils aboutir à rien ? Nous
remuons-nous constamment dans un cercle vicieux, où les lumières succèdent à l'ignorance, e
la barbarie à la civilisation ? Loin de nous une
pensée aussi affligeante ; le feu sacré qui nous
anime doit nous mener à un résultat digne de la
puissance divine qui nous l'inspire. L'amélioration des sociétés marche sans cesse, malgré les
obstacles ; elle ne connaît de limites que celles du
monde.

" Le genre humain, a dit Pascal, est un homme qui ne meurt jamais, et qui se perfectionne toujours." Image sublime de vérité et de profondeur ! Le genre humain ne meurt pas, mais il subit cependant toutes les maladies auxquelles l'homme est sujet ; et quoiqu'il se perfectionne sans cesse, il n'est pas exempt des passions humaines, arsenal dangereux mais indispensable, qui est la cause de notre élévation ou de notre ruine.

Cette comparaison résume les principes sur lesquels se fonde la vie des peuples, cette vie qui a deux natures et deux instincts : l'un divin, qui tend à nous perfectionner ; l'autre mortel, qui tend à nous corrompre.

La société renferme donc en elle deux éléments contraires : d'un côté, immortalité et progrès ; de l'autre, malaise et désorganisation.

Les générations, qui se succèdent, participent toutes des mêmes éléments.

Les peuples ont tous quelque chose de commun, c'est le besoin de perfectionnement ; ils ont chacun quelque chose de particulier : c'est le genre de malaise qui paralyse leurs efforts.

Les gouvernements ont été établis pour aider la société à vaincre les obstacles qui entravaient sa marche. Leur forme a dû varier suivant la nature du mal qu'ils étaient appelés à guérir, suivant l'époque, suivant le peuple qu'ils devaient régir. Leur tâche n'a jamais été et ne sera jamais facile, parce que les deux éléments contraires dont se compose notre existence exigent l'emploi de moyens différents. Sous le rapport de notre essence divine, il ne nous faut pour marcher que liberté et travail ; sous le rapport de notre nature mortelle, il nous faut, pour nous conduire, un guide et un appui.

Un gouvernement n'est donc pas, comme l'a dit un économiste distingué, *un ulcère nécessaire* ; mais c'est plutôt le moteur bienfaisant de tout organisme social.

En déroulant à nos yeux le tableau de l'histoire, nous y trouvons sans cesse ces deux grands phénomènes : d'un côté, un système constant, qui obéit à une progression régulière, qui avance sans jamais revenir sur ses pas : c'est le progrès ; de l'autre, au contraire, nous ne voyons que flexibilité et mobilité : ce sont les formes de gouvernement.

Le progrès ne disparaît jamais, mais il se déplace souvent ; il va des gouvernants aux gouvernés. La tendance des révolutions est de le ramener toujours parmi les gouvernants. Lorsqu'il est à la tête des sociétés, il marche hardiment, car il conduit ; lorsqu'il est dans la masse, il marche à pas lents, car il lutte. Dans le premier cas, le peuple confiant se laisse gouverner ; dans le second cas, il veut au contraire tout faire par lui-même.

Depuis que le monde existe, le progrès a toujours eu lieu. Pour le reconnaître, il suffit de mesurer la route suivie par la civilisation ; la trace en est marquée par les grands hommes qui en sont comme les bornes militaires ; chacun a un degré supérieur qui nous rapproche du but ; et l'on va d'Alexandre à César, de César à Constantin, de Constantin à Charlemagne, de Charlemagne à Napoléon.

Les formes de gouvernement, au contraire, ne suivent pas des lois constantes. Les républiques sont aussi vieilles que le monde ; l'élection et l'hérédité se sont, depuis des siècles, disputé le pouvoir, et le pouvoir est resté tour à tour à ceux qui avaient pour eux les sciences et les lumières, le droit ou la force. Il ne saurait donc y avoir de gouvernement assis sur des formes invariables ; il n'y a pas plus de formule gouvernementale pour le bonheur des peuples qu'il n'y a de panacée universelle qui guérisse de tous les maux. "Toute question de forme politique, a dit Carrel,[1] a ses données dans l'état de la société, nullement ailleurs." Ces paroles renferment une grande vérité. En politique le bien n'est que relatif, jamais absolu.

En admettant les idées qui précèdent, il serait impossible d'attacher une haute importance aux distinctions savantes que les publicistes ont faites entre le gouvernement d'un seul et le gouvernement de plusieurs, entre les gouvernements démocratiques et les gouvernements aristocratiques.[2] Tous ont été bons, puisqu'ils ont duré ; telle forme a été la meilleure pour tel peuple qui

[1] *Histoire de la contre-révolution en Angleterre*, Introduction, page 3.

[2] Loin de moi l'idée d'entrer en discussion sur le mérite de la monarchie, ou de la république ; je laisse aux philosophes et aux métaphysiciens le soin de résoudre un problème qu'*à priori* je crois insoluble. Je ne vois dans la monarchie ni le principe de droit divin, ni tous les vices que l'on veut y trouver. Je ne vois uniquement dans le système héréditaire que la garantie de l'intégrité d'un pays. Pour apprécier cette opinion, il suffit de se rappeler que les deux monarchies de France et d'Allemagne naquirent en même temps du partage de l'empire de Charlemagne ; la couronne devint purement élective en Allemagne, elle resta héréditaire en France. Huit cents ans plus tard, l'Allemagne est divisée en douze cents États environ : sa nationalité a disparu, tandis qu'en France le principe héréditaire a détruit tous les petits souverains, et formé une nation grande et compacte.

a duré le plus longtemps. Mais *à priori*, le meilleur gouvernement est celui qui remplit bien sa mission, c'est-à-dire celui qui se formule sur le besoin de l'époque, et qui, en se modelant sur l'état présent de la société, emploie les moyens nécessaires pour frayer une route plane et facile à la civilisation qui s'avance.

Je le dis à regret, je ne vois aujourd'hui que deux gouvernements qui remplissent bien leur mission providentielle ; ce sont les deux colosses qui sont au bout du monde, l'un à l'extremité du nouveau, l'autre à l'extrémité de l'ancien.[1] Tandis que notre vieux centre européen est comme un volcan qui se consume dans son cratère, les deux nations orientale et occidentale marchent, sans hésiter, vers le perfectionnement, l'une par la volonté d'un seul, l'autre par la liberté.

La Providence a confié aux États-Unis d'Amérique le soin de peupler et de gagner à la civilisation tout cet immense territoire qui s'étend de l'Atlantique à la mer du Sud, et du pôle nord à l'équateur. Le gouvernement qui n'est qu'une

---

[1] Je ne prétends pas dire par là que tous les autres gouvernements de l'Europe soient mauvais ; je veux dire seulement que, dans le moment actuel, il n'en est aucun qui soit à la hauteur d'une aussi grande mission.

simple administration, n'a eu, jusqu'à présent, qu'à mettre en pratique ce vieil adage, *laissez faire, laissez passer*, pour favoriser cet instinct irrésistible qui pousse vers l'ouest les peuples d'Amérique.

En Russie, c'est à la dynastie impériale qu'on doit tous les progrès qui, depuis un siècle et demi, ont tiré ce vaste empire de la barbarie. Le pouvoir impérial doit lutter contre les vieux préjugés de notre vieille Europe ; il faut qu'il centralise, autant que possible, dans les mains d'un seul, les forces de l'État, afin de détruire tous les abus qui se perpétuent à l'abri des franchises communales et féodales. L'Orient ne peut recevoir que de lui les améliorations qu'il attend.

Mais toi, France de Henri IV, de Louis XIV, de Carnot, de Napoléon, toi qui fus toujours pour l'occident de l'Europe la source des progrès, toi qui possèdes les deux soutiens des empires, le génie des arts pacifiques et le génie de la guerre, n'as-tu plus de mission à remplir ? Épuiseras-tu tes forces et ton énergie à lutter sans cesse avec tes propres enfants ? Non, telle ne peut être ta destinée ; bientôt viendra le jour où, pour te gouverner, il faudra comprendre que ton rôle est de mettre dans tous les traités ton épée de Brennus en faveur de la civilisation.

CHAPITRE II.

IDÉES GÉNÉRALES.

Mission de l'Empereur.—La Liberté suivra la même marche
que la Religion.—Rétablissement de la Monarchie et de la
Religion catholique.—Comment il faut juger Napoléon.

Lorsque des idées qui ont gouverné le monde
pendant de longues périodes perdent, par la
transformation nécessaire des sociétés, de leur
force et de leur empire, il en surgit de nouvelles,
destinées à remplacer celles qui les précédaient.
Quoiqu'elles portent en elles un germe réorga-
nisateur, elles procèdent cependant par la désorganisation.　Mais tant est grande la présomption
des idées naissantes, et tant plaît à notre existence
éphémère l'idée de durée, qu'à chaque pierre
qu'elles arrachent du vieil édifice, elles procla-
ment ce débris sur lequel elles se posent comme
une nouvelle fondation à bases indestructibles;
jusqu'à ce que d'autres éboulements, s'ensevelis-

sant réciproquement, leur prouvent qu'elles ont
ébranlé sans avoir construit, et qu'il faut à leur
ouvrage de plus solides matériaux, pour être à
l'abri des ruines du passé qui s'écroule.

C'est ainsi que les idées de 89, idées qui, après
avoir bouleversé l'Europe, finiront par assurer
son repos, paraissaient, déjà en 91, avoir détruit
l'ancien ordre des choses et en avoir créé un nouveau. Mais l'enfantement de la liberté est pénible, et l'œuvre des siècles ne se détruit pas sans
des secousses terribles ! 93 suivit de près 91, et
l'on vit ruines sur ruines, transformations sur
transformations ; jusqu'à ce qu'enfin Napoléon
apparut, débrouilla ce chaos de néant et de gloire,
sépara les vérités des passions, les éléments de
succès des germes de mort, et ramena à l'idée de
synthèse tous ces grands principes qui, luttant
sans cesse entre eux, compromettaient le succès
auquel tous étaient intéressés.

Napoléon, en arrivant sur la scène du monde,
vit que son rôle était d'être *l'exécuteur testamentaire* de la révolution. Le feu destructeur des
partis était éteint, et lorsque la révolution mou-
rante mais non vaincue légua à Napoléon l'accom-
plissement de ses dernières volontés, elle dut lui
dire : " Affermis sur des bases solides les princi-

paux résultats de mes efforts, réunis les Français divisés, repousse l'Europe féodale liguée contre moi, cicatrise mes plaies, éclaire les nations, exécute en étendue ce que j'ai dû faire en profondeur; sois pour l'Europe ce que j'ai été pour la France; et quand même tu devrais de ton sang arroser l'arbre de la civilisation, voir tes projets méconnus et les tiens sans patrie errer dans le monde, n'abandonne jamais la cause sacrée du peuple français, et fais-la triompher par tous les moyens que le génie enfante, que l'humanité approuve."

Cette grande mission, Napoléon l'accomplit jusqu'au bout. Sa tâche fut difficile. Il fallait asseoir une société bouillonnante encore de haine et de rancune sur de nouveaux principes; se servir, pour consolider, des mêmes instruments qui jusque-là n'avaient servi qu'à abattre.

Le sort commun à toute nouvelle vérité qui surgit est d'effrayer au lieu de séduire, de blesser au lieu de convaincre. C'est qu'elle s'élance avec d'autant plus de force qu'elle a été plus longtemps comprimée; c'est qu'ayant des obstacles à vaincre, il faut qu'elle lutte et qu'elle renverse, jusqu'à ce que, comprise et adoptée par la généralité, elle devienne la base d'un nouvel ordre social.

La liberté suivra la même marche que la religion chrétienne. Arme de mort pour la vieille société romaine, le christianisme a excité pendant longtemps la crainte et la haine des peuples; puis, à force de martyrs et de persécutions, la religion du Christ a pénétré dans les esprits et dans les consciences; bientôt elle eut à ses ordres des armées et des rois; Constantin et Charlemagne la promenèrent triomphante en Europe. Alors la religion déposa ses armes de guerre; elle dévoila à tous les yeux les principes d'ordre et de paix qu'elle renfermait, et devint l'élément organisateur des sociétés, l'appui même du pouvoir. Il en sera ainsi de la liberté. Elle a déjà eu les mêmes phases. En 1793, elle effraya les peuples autant que les souverains; puis, ayant revêtu des formes plus douces, elle s'insinua partout à la suite de nos bataillons. En 1815 tous les partis adoptèrent son drapeau, et, s'étayant de sa force morale, ils se couvrirent de ses couleurs. L'adoption n'était pas sincère, la liberté fut obligée de reprendre son armure de guerre. Avec la lutte reparurent les craintes. Espérons que bientôt elles cesseront et que la liberté revêtira ses habits de fête pour ne plus les quitter.

L'empereur Napoléon a contribué plus que

tout autre à accélérer le règne de la liberté, en sauvant l'influence morale de la révolution, et en diminuant les craintes qu'elle inspirait.[1] Sans le Consulat et l'Empire, la révolution n'eût été qu'un grand drame qui laisse de grands souvenirs, mais peu de traces. La révolution se serait noyée dans la contre-révolution, tandis que le contraire a eu lieu, parce que Napoléon enracina en France et introduisit partout en Europe les principaux bienfaits de la grande crise de 89, et que, pour nous servir de ses expressions, *il dessouilla la révolution, affermit les rois et ennoblit les peuples.* Il dessouilla la révolution, en séparant les vérités qu'elle fit triompher des passions qui dans leur délire les avaient obscurcies ; il raffermit les rois en rendant le pouvoir honoré et respectable ; il ennoblit les peuples en leur donnant la conscience de leur force et ces institutions qui relèvent l'homme à ses propres yeux. L'Empereur doit être considéré comme le messie des idées nouvelles. Car, il faut le dire, dans les moments qui suivent de près un bouleversement

---

[1] Ce sont les craintes que la révolution française inspira aux souverains, qui arrêtèrent chez eux les progrès qui avaient été introduits avant 1789 par Joseph II, en Autriche, et par Léopold, en Italie.

social, l'essentiel n'est pas de mettre en application des principes dans toute la subtilité de leur théorie, mais de s'emparer du génie régénérateur, de s'identifier avec les sentiments du peuple, et de le diriger hardiment vers le but qu'il veut atteindre. Pour être capable d'accomplir une tâche semblable, il faut que *votre fibre réponde à celle du peuple,*[1] que vous sentiez comme lui, et que vos intérêts soient tellement confondus, que vous ne puissiez vaincre ou tomber qu'ensemble !

C'est cette union de sentiments, d'instincts et de volontés qui a fait toute la force de l'Empereur. On commettrait une grave erreur si l'on croyait qu'un grand homme a l'omnipotence et qu'il ne puise de force qu'en lui-même. Savoir deviner, profiter et conduire, telles sont les premières qualités d'un génie supérieur. "Je n'ai garde, disait "Napoléon, de tomber dans la faute des hommes "à systèmes modernes, de me croire par moi seul "et par mes idées la sagesse des nations. Le génie "de l'ouvrier est de savoir se servir des matériaux "qu'il a sous la main."

Une des premières nécessités pour un gouvernement, c'est de bien connaître l'état du pays qu'il régit, et de savoir où sont les éléments de

---

[1] Paroles de l'Empereur.

force sur lesquels il doit s'appuyer. L'ancienne monarchie avait pour soutiens la noblesse et le clergé, parce que c'était alors dans ces deux classes que résidaient les deux principaux éléments de force, la richesse territoriale et l'influence morale. La révolution avait détruit tout cet édifice féodal : elle avait déplacé les intérêts, créé de nouvelles sources de puissance et de richesse, fait naître de nouvelles idées

Tenter de ramener l'ancien régime, s'appuyer sur des forces qui n'avaient plus de racines, eût été folie. L'Empereur, tout en rétablissant les formes anciennes, ne basa son autorité que sur une sève jeune et vigoureuse, les intérêts nouveaux. Il rétablit la religion, mais sans faire du clergé un moyen de gouvernement. Aussi le passage de la république à la monarchie et le rétablissement des cultes, au lieu d'éveiller des craintes, rassurèrent les esprits ; car, loin de froisser aucun intérêt, ils satisfaisaient à des besoins politiques et moraux, et répondaient au vœu du plus grand nombre. En effet, si ces transformations n'eussent pas été dans les sentiments et les idées de la majorité, Napoléon ne les aurait pas accomplies ; car il devinait juste, et son pouvoir moral il voulait l'augmenter et non l'affaiblir.

Aussi jamais de si grands changements ne se firent avec moins d'efforts. Napoléon n'eut qu'à dire : " Qu'on ouvre les églises," et les fidèles s'y précipitèrent à l'envi. Il a dit à la nation : "Voulez-vous un pouvoir héréditaire ?" et la nation répondit affirmativement par quatre millions de votes.[1] C'est qu'il est difficile de se dépouiller entièrement du passé ; une génération a, comme un individu, des antécédents qui la dominent. Nos sentiments ne sont, pour la plupart, que des traditions. Esclave des souvenirs de son enfance, l'homme obéit toute sa vie, sans s'en douter, aux impressions qu'il a reçues dans son jeune âge, aux épreuves et aux influences auxquelles il a été en butte. La vie d'un peuple est soumise aux mêmes lois générales. Un jour seul ne fait pas d'une république de 500 ans une monarchie héré-

---

[1] Quelques personnes veulent révoquer en doute la légitimité d'une telle élection ; mais elles attaquent ainsi toutes les constitutions de la République, car ces constitutions n'obtinrent pas même une sanction aussi forte.

	Votants.	Acceptants.	Refusants.
Constitution de 1791 non soumise à l'acceptation du peuple.			
„ 1793	—	1,801,018	11,600
„ de l'an III	—	1,057,390	49,977
„ de l'an VIII (Consulat)	3,012,569	3,011,007	1,562
Consulat à vie	3,577,259	3,568,888	8,374
Empire héréditaire (1804)	3,524,254	3,521,675	2,579

ditaire, ni d'une monarchie de 1400 ans une république élective.

Voyez Rome : pendant 500 ans ses formes
républicaines l'ont mise à la tête du monde ;
pendant 500 ans le système électif a produit de
grands hommes ; et la dignité de consul, de sénateur, de tribun, a été bien au-dessus des trônes
des rois, que les Romains n'avaient connus qu'en
les voyant attachés au char triomphal du vainqueur. Aussi, quoique Rome ne fût plus capable
de supporter ces institutions séculaires qui avaient
fait sa grandeur et sa force, elle conserva néan-
moins, pendant 600 ans encore, sous les empe-
reurs, les formes vénérées de la République. De
même la République française, qui succédait à
une monarchie de 1400 ans, dont le résultat avait
été de faire une France grande et glorieuse par
le seul principe de la centralisation monarchique,
en dépit des vices et des erreurs des rois ; de
même cette république, non-seulement se revêtit
bientôt des formes anciennes, mais dès son ori-
gine elle conserva le caractère distinctif de la
monarchie, en proclamant et en renforçant par
tous les moyens cette centralisation du pouvoir
qui avait été l'élément vital de la nationalité française.

Ajoutons à ces considérations, que Napoléon et César, qui se trouvèrent tous les deux dans des circonstances analogues, durent agir par les mêmes motifs dans un sens opposé. Tous les deux voulaient reconstituer avec les anciennes formes sur de nouveaux principes.[1] César devait donc vouloir conserver les formes républicaines, Napoléon rétablit celles de la monarchie.

Au commencement du dix-neuvième siècle, les idées étaient toutes portées pour l'hérédité du pouvoir de l'Empereur, soit par la force traditionnelle des anciennes institutions, soit par le prestige qui environnait l'homme investi de l'autorité, soit enfin par le désir d'un ordre de choses qui donnât plus de garantie de stabilité. Mais la difficulté de l'établissement de la République pouvait s'expliquer peut-être par une autre considéra-

---

[1] L'Empereur, dans son *Précis des guerres de César*, a suffisamment prouvé que ce grand homme n'a jamais voulu, n'a jamais pu vouloir se faire roi : " Vainqueur, dit Napoléon, César ne gouverna que comme consul, dictateur ou tribun ; il confirma donc, au lieu de les discréditer, les formes anciennes de la République. Auguste même, longtemps après, et lorsque les générations républicaines tout entières étaient détruites par les proscriptions et la guerre des triumvirs, n'eut jamais l'idée d'élever un trône. C'eût été, de la part de César, une étrange politique de remplacer la chaise curule des vainqueurs du monde par le trône pourri, méprisé des vaincus."

tion. La France était démocratique depuis 1689 ;
or, dans un grand État européen, il est difficile
de concevoir l'existence d'une république sans
aristocratie.[1]

Il y a pour tout pays deux sortes d'intérêts
bien distincts et souvent opposés : les intérêts
généraux et les intérêts particuliers ; autrement
dit, les intérêts permanents et les intérêts passagers. Les premiers ne changent pas avec les générations ; leur esprit se transmet d'âge en âge
par tradition plutôt que par calcul. Ces intérêts
ne peuvent être représentés que par une aristocratie, ou, à son défaut, par une famille héréditaire. Les intérêts passagers ou particuliers, au
contraire, changent continuellement selon les circonstances, et ne peuvent être bien compris que
par des délégués du peuple, qui, se renouvelant
sans cesse, soient l'expression fidèle des besoins
et des désirs des masses. Or, la France n'ayant
plus et ne pouvant plus avoir d'aristocratie, c'est-
à-dire de ces corps privilégiés dont l'influence

[1] Je trouve dans l'*Histoire de la révolution*, par M. Thiers,
une idée analogue, tome viii, page 12. "En y réfléchissant
mieux, on aurait vu qu'un corps aristocratique convient *plus
particulièrement* aux républiques." On peut ajouter que l'aristocratie n'a pas besoin de chef, tandis que la nature de la dé-
mocratie est de se personnifier dans un homme.

n'est grande que parce que le temps a consacré leur autorité, la République eût été privée de ce pouvoir conservateur qui, gardien fidèle, quoique souvent oppressif, des intérêts généraux et permanents, a fait pendant des siècles à Rome, à Venise et à Londres, la grandeur de ces pays par la simple persévérance dans un système national.

Pour obvier à ce manque de fixité et de suite, qui est le plus grand défaut des républiques démocratiques, il fallait créer une famille héréditaire, qui fût la conservatrice de ces intérêts généraux et dont la puissance ne fût basée que sur l'esprit démocratique de la nation.

Que les opinions diffèrent sur la valeur de ces considérations ; qu'on blâme Napoléon d'avoir surmonté d'une couronne ses lauriers républicains ; qu'on blâme le peuple français d'avoir voulu et sanctionné ce changement, tout est susceptible de controverse. Mais il est un point sur lequel tous ceux qui reconnaissent dans l'Empereur un grand homme doivent tomber d'accord, c'est que, se fût-il trompé, ses intentions durent toujours être à la hauteur de ses facultés. Le comble de l'inconséquence est de prêter à un grand génie toutes les faiblesses de la médiocrité. Il y a cependant des esprits vulgaires qui, jaloux de la supériorité du mérite, semblent vouloir s'en venger en lui attribuant leurs mesquines passions ! Ainsi, au lieu de comprendre qu'un grand homme n'a pu être dirigé que par des grandes conceptions, par des raisons d'état de la plus haute portée, ils disent : "Napoléon s'est fait "empereur par ambition personnelle ; il s'est "entouré de noms illustres de l'ancién régime "pour satisfaire son amour-propre ; il a dépensé "les trésors de la France et le plus pur de son "sang, pour agrandir sa puissance et pour mettre "ses frères sur des trônes ; enfin il a épousé une "archiduchesse d'Autriche pour mettre une vraie "princesse dans son lit."—"Ai-je donc régné sur des pygmées en intelligence, qu'ils m'aient si peu compris ?" s'écriait Napoléon à Sainte-Hélène dans un moment d'humeur. ... Que son âme se console ! Les masses depuis longtemps lui ont rendu justice ; chaque jour qui s'écoule, en découvrant une des misères qu'il avait guéries, un mal qu'il avait extirpé, explique assez ses nobles projets. Et ses grandes pensées, qui brillent d'autant plus que le présent s'obscurcit, sont comme des phares lumineux qui font entrevoir au milieu des ténèbres et des tempêtes un avenir de sécurité !

CHAPITRE III.

QUESTION INTÉRIEURE.

Tendance générale.—Principes de fusion, d'égalité, d'ordre, de justice.—*Organisation administrative.*—Ordre judiciaire.—Finances.—Établissements de bienfaisance, communes, agriculture, industrie, commerce.—Instruction publique.—De l'armée.—*Organisation politique.*—Principes fondamentaux.—Accusations de despotisme.—Du gouvernement militaire.—Réponses à ces accusations.

Les divers gouvernements qui s'étaient succédés depuis 1789 jusqu'en 1800 avaient, malgré leurs excès, obtenu de grands résultats. L'indépendance de la France avait été maintenue, la féodalité avait été détruite, des principes salutaires avaient été répandus. Cependant rien n'était encore solidement établi ; trop d'éléments contraires étaient en présence.

A l'époque où Napoléon arriva au pouvoir, le génie du législateur consistait à juger d'un coup d'œil les rapports qui existaient entre le passé et le présent, entre le présent et l'avenir.

Il fallait résoudre les questions suivantes :

Quelles sont les idées qui sont passées sans retour ?

Quelles sont celles qui doivent triompher par la suite ?

Enfin, quelles sont les idées qui peuvent être appliquées immédiatement et qui accéléreront le règne de celles qui doivent prévaloir ?

L'Empereur fit d'un coup d'œil cette distinction, et, tout en prévoyant les possibilités futures, il se borna à la réalisation des possibilités actuelles.

La grande difficulté des révolutions est d'éviter la confusion dans les idées populaires. Le devoir de tout gouvernement est de combattre les idées fausses et de diriger les idées vraies, en se mettant hardiment à leur tête ; car si, au lieu de conduire, un gouvernement se laisse entraîner, il court à sa perte, et il compromet la société au lieu de la protéger.

C'est parce que l'Empereur fut le représentant des idées vraies de son siècle, qu'il acquit si facilement l'ascendant le plus immense. Quant aux idées nuisibles, il ne les attaqua jamais de front, mais il les prit à revers, parlementa, traita avec

elles, et enfin les soumit par une influence morale ; car il savait que la violence ne vaut rien
contre des idées.

Ayant toujours un but devant les yeux, il em-
ploya, suivant les circonstances, les moyens les
plus prompts pour y arriver.

Quel est son but ?   La Liberté.

Oui, la liberté ! . . . et plus on étudiera l'histoire de Napoléon, plus on se convaincra de cette
vérité.   Car la liberté est comme un fleuve : pour
qu'elle apporte l'abondance et non la dévastation,
il faut qu'on lui creuse un lit large et profond.   Si,
dans son cours régulier et majestueux, elle reste
dans ses limites naturelles, les pays qu'elle tra-
verse bénissent son passage ; mais si elle vient
comme un torrent qui déborde, on la regarde
comme le plus terrible des fléaux ; elle éveille
toutes les haines, et l'on voit alors des hommes,
dans leur prévention, repousser la liberté parce
qu'elle détruit, comme si l'on devait bannir le
feu parce qu'il brûle, et l'eau parce qu'elle inonde.

La liberté, dira-t-on, n'était pas assurée par
les lois impériales !   Son nom n'était pas, il est
vrai, en tête de toutes les lois, ni affiché à tous
les carrefours, mais chaque loi de l'Empire en
préparait le règne paisible et sûr.

Quand, dans un pays, il y a des partis acharnés les uns contre les autres, des haines violentes, il faut que ces partis disparaissent, que ces haines s'apaisent, avant que la liberté soit possible.

Quand, dans un pays démocratisé comme l'était la France, le principe d'égalité n'est pas appliqué généralement, il faut l'introduire dans toutes les lois, avant que la liberté soit possible.

Lorsqu'il n'y a plus ni esprit public, ni religion, ni foi politique, il faut recréer au moins une de ces trois choses, avant que la liberté soit possible.

Lorsque les changements successifs de constitution ont ébranlé le respect dû à la loi, il faut recréer l'influence légale, avant que la liberté soit possible.

Lorsque les anciennes mœurs ont été détruites par une révolution sociale, il faut en recréer de nouvelles d'accord avec les nouveaux principes, avant que la liberté soit possible.

Quand le gouvernement, quelle que soit sa forme, n'a plus ni force ni prestige ; que l'ordre n'existe ni dans l'administration ni dans l'État, il faut recréer le prestige, il faut rétablir l'ordre, avant que la liberté soit possible.

Lorsque dans une nation il n'y a plus d'aristocratie et qu'il n'y a d'organisé que l'armée, il faut

reconstituer un ordre civil, basé sur une organisation précise et régulière, avant que la liberté
soit possible.

Enfin, lorsqu'un pays est en guerre avec ses
voisins et qu'il renferme encore dans son sein des
partisans de l'étranger, il faut vaincre les ennemis et se faire des alliés sûrs, avant que la liberté
soit possible.

Il faut plaindre les peuples qui veulent récol-
ter avant d'avoir labouré le champ, ensemencé la
terre, et donné à la plante le temps de germer,
d'éclore et de mûrir. Une erreur fatale est de
croire qu'il suffise d'une déclaration de principes
pour constituer un nouvel ordre de choses !

Après une révolution, l'essentiel n'est pas de
faire une constitution, mais d'adopter un système
qui, basé sur les principes populaires, possède
toute la force nécessaire pour fonder et établir,
et qui, tout en surmontant les difficultés du moment, ait en lui cette flexibilité qui permette de
se plier aux circonstances. D'ailleurs, après une
lutte, une constitution peut-elle se garantir des
passions réactionnaires ? et quel danger n'y a-t-il
pas à traduire en principes généraux des exigences
transitoires ![1] " Une constitution, a dit Napo-

[1] On pourrait citer mille exemples à l'appui de cette asser-
tion ; nous nous bornerons à rappeler qu'en 92, pour empêcher

" léon, est l'œuvre du temps ; on ne saurait y
" laisser une trop large voie aux améliorations."

Nous allons parcourir, sous les points de vue
précédents, les actions de l'Empereur. Juger,
c'est comparer. Nous comparerons donc son règne
avec l'époque immédiate qui l'a précédé, avec l'é-
poque qui l'a suivi. Nous jugerons ses projets sur
ce qu'il a fait étant vainqueur, sur ce qu'il a laissé
malgré sa défaite.

Lorsque Napoléon revint d'Égypte, toute la
France l'accueillit avec transport ; on vit en lui
le sauveur de la révolution, qui était au moment
de périr. Fatiguée par tant d'efforts successifs,
balottée par tant de partis différents, la France
s'était endormie au bruit de ses victoires, et semblait prête à perdre tout le fruit de ce qu'elle avait
acquis. Le gouvernement était sans force morale,

que l'autorité ne rétablît indirectement l'inégalité dans le
partage, on avait, pour ainsi dire, ôté aux citoyens la liberté
de tester. Napoléon réforma cette loi réactionnaire. Sous la
restauration, on détestait en France les troupes suisses, qui
étaient mieux payées que les troupes françaises. Après la
révolution de 1830, on ne se contenta pas de les renvoyer, on
introduisit dans la charte un article qui interdisait au gouvernement de prendre à sa solde des troupes étrangères. Un an
plus tard surviennent les malheurs de la Pologne ; 6,000
Polonais se réfugient en France, on voudrait les enrégimenter ;
la loi réactionnaire de la veille s'y oppose !

sans principe, sans vertu. Les fournisseurs et les faiseurs d'affaires étaient à la tête de la société, et y tenaient le premier rang au milieu de la corruption. Les généraux d'armée, tels que Championnet à Naples et Brune en Lombardie,[1] se sentant les plus forts, commençaient à ne plus obéir au gouvernement et emprisonnaient ses représentants. Le crédit était anéanti, le trésor était vide, la rente était tombée à onze francs; le gaspillage était dans l'administration; le brigandage le plus odieux infestait la France, et l'Ouest était toujours en insurrection. Enfin, l'ancien régime s'avançait d'une manière effrayante, depuis qu'à côté du bonnet de la liberté on n'apercevait plus la hache du licteur.

On parlait sans cesse de liberté et d'égalité, et chaque parti n'en voulait que pour lui. Nous voulons l'égalité, disaient les uns, mais nous ne voulons pas accorder les droits de citoyen aux parents des nobles et des émigrés; nous voulons laisser cent quarante-cinq mille Français dans l'exil.[2] Nous voulons l'égalité, disaient les autres, mais nous ne voulons pas accorder d'em-

---

[1] Thiers, *Histoire de la révolution*, tome x, p. 2.

[2] Ce nombre est celui fixé par le rapport du ministre de la police, an VIII.

ploi aux conventionnels. Enfin, nous voulons la liberté, mais nous maintenons la loi qui condamne à la peine de mort ceux dont les écrits tendaient à rappeler l'ancien régime ; nous maintenons la loi des otages qui détruit la sécurité de deux cent mille familles ;[1] nous maintenons les entraves qui rendent nulles la liberté des cultes, etc. etc.

Une telle contradiction entre les principes proclamés et leur application tendait à introduire la confusion dans les idées et dans les choses. Il devait en être ainsi, tant qu'il n'y aurait pas un pouvoir national qui, par sa stabilité et la conscience de sa force, fût exempt de passions, et pût donner protection à tous les partis, sans rien perdre de son caractère populaire.

Les hommes ont eu dans tous les temps les mêmes passions. Les causes qui produisent les grands changements sont différentes, mais les effets sont souvent les mêmes. On a presque toujours vu, dans les temps de troubles, les opprimés réclamer pour eux la liberté, et une fois obtenue, la refuser à ceux qui étaient leurs oppresseurs. Il y avait en Angleterre au dix-septième siècle une secte religieuse et républicaine, qui, persécutée par l'intolérance du clergé et du gou-

[1] Bignon, tome 1er, p. 11.

vernement, se décida à abandonner le pays de ses ancêtres et à aller au delà des mers, dans un monde inhabité, jouir de cette douce et sainte liberté que l'ancien monde lui refusait. Victimes de l'intolérance, conscients des maux qu'elle fait souffrir, ah! certes, dans la patrie qu'ils vont fonder, ces hommes indépendants seront plus justes que leurs oppresseurs. Mais, inconséquence du cœur humain! la première loi des Puritains fondant une nouvelle société dans l'état des Massachusetts, est la peine de mort pour ceux qui s'écarteront de leur doctrine religieuse!

Admirons l'esprit napoléonien, il ne fut jamais ni exclusif ni intolérant. Supérieur aux petites passions des partis, généreux comme le peuple qu'il était appelé à gouverner, l'Empereur professa toujours cette maxime, qu'en politique il faut guérir les maux, jamais les venger.

L'abus du pouvoir royal, la tyrannie de la noblesse, avaient produit cette réaction immense qu'on appela la révolution de 89. Celle-ci amena d'autres réactions opposées et funestes. Avec Napoléon cessèrent toutes les passions réactionnaires. Fort de l'assentiment du peuple, il procéda rapidement à l'abolition de toutes les lois injustes, il cicatrisa toutes les plaies, récompensa tous les

mérites, adopta toutes les gloires, et fit concourir
tous les Français à un seul but, la prospérité de
la France.

A peine investi du pouvoir, le premier consul
révoque les lois qui excluaient les parents des
émigrés et des ci-devant nobles de l'exercice des
droits politiques et des fonctions publiques. La
loi de l'emprunt forcé est rapportée et remplacée
par une subvention extraordinaire additionnelle
aux contributions. Napoléon fait cesser les réqui-
sitions en nature et abolit la loi des otages. Il
rappelle les écrivains condamnés à la déportation
par la loi du 19 fructidor an V, tel que Carnot,
Portalis, Siméon. Il fait revenir les conventionnels Barrère et Vadier. Il ouvre les portes de la
France à plus de cent mille émigrés, parmi lesquels étaient compris les membres de l'Assemblée
constituante. Il fait réintégrer dans leur emploi
quelques conventionnels qu'on avait voulu écarter.
Il pacifie la Vendée, organise l'administration des
municipalités dans les villes de Lyon, Marseilles
et Bordeaux. Il s'écriait un jour au conseil d'État:
" Gouverner par un parti, c'est se mettre tôt ou
" tard dans sa dépendance. On ne m'y prendra
" pas ; je suis national. Je me sers de toux ceux
" qui ont de la capacité et la volonté de marcher

"avec moi. Voilà pourquoi j'ai composé mon
"conseil d'État de constituants qu'on appelait
"Modérés ou Feuillants, comme Defermon, Rœ-
"derer, Regnier, Regnault ; de royalistes comme
"Devaines et Dufresnes ; enfin de jacobins comme
"Brune, Réal et Berlier. J'aime les honnêtes
"gens de tous les partis." Prompt à récompenser les services récents, comme à illustrer tous les
grands souvenirs, Napoléon fait mettre à l'Hôtel
des Invalides à côté des statues de Hoche, de
Joubert, de Marceau, de Dugommier, de Dam-
pierre, la statue de Condé, les cendres de Turenne
et le cœur de Vauban. Il fait revivre à Orléans
la mémoire de Jeanne d'Arc, à Beauvais celle de
Jeanne Hachette. En 1800, il fait de la reddi-
tion d'un grand citoyen, La Fayette, la condition
impérieuse d'un traité. Plus tard, il prend pour
aides de camp des officiers (Drouot, Lobau, Ber-
nard) qui avaient été opposés au consulat à vie ;
on le voit traiter avec la même bienveillance les
sénateurs qui avaient voté contre l'établissement
de l'Empire. Toujours fidèle aux principes de
conciliation, l'Empereur, dans le cours de son
règne, donne une pension à la sœur de Robes-
pierre, comme à la mère du duc d'Orléans.[1]

[1] L'Empereur accorda à la mère du roi actuel, Louis-Phi-

Il soulage l'infortune de la veuve de Bailly, président de l'Assemblée constituante, et soutient dans sa vieillesse la dernière descendante des Du Guesclin.

Réunir toutes les forces nationales contre l'étranger, réorganiser le pays sur des principes d'égalité, d'ordre et de justice, telle est la tâche de Napoléon. Il trouve sous la main bien des éléments antipathiques, et, suivant sa propre expression, il les réunit en amalgamant au lieu d'extirper.

Les divisions existaient non-seulement dans les partis politiques, mais aussi dans les autres corps de la nation. Le clergé était partagé entre les anciens et les nouveaux évêques, la grande et la petite église, les prêtres assermentés partisans de la révolution, et les prêtres réfractaires. Ces derniers étaient les enfants chéris du pape. Profitant de l'influence que leur donnait la protection du chef de la religion, ils égaraient les esprits par les écrits qu'ils répandaient de l'étranger dans les campagnes. L'Empereur, par son concordat, enleva le chef à ce troupeau égaré, et ramena le clergé à des idées de concorde et de soumis-

lippe, une pension de 400 mille francs, et une autre de 200 mille francs à la duchesse de Bourbon.

sion.[1] La république des lettres était partagée entre le nouvel Institut et l'ancienne Académie. Il fondit les académiciens dans l'Institut, et les savants vécurent en paix, réunissant leurs lumières pour éclairer la nation et accélérer les progrès de la science. Il existait de vieux noms dont quelques-uns se rattachaient à des souvenirs de gloire ; il existait des titres dont l'influence n'était pas entièrement éteinte. Napoléon allia l'ancienne France à la nouvelle, en confondant les titres héréditaires avec de nouveaux titres acquis par des services. Les Juifs formaient une nation dans la nation : quelques-uns de leurs dogmes étaient opposés aux lois civiles françaises. L'Empereur fit convoquer le grand Sanhédrin, qui, d'accord avec les commissaires impériaux, réforma dans la loi de Moïse les dispositions politiques susceptibles de modifications. Les Juifs devinrent citoyens, et les barrières qui les séparaient du reste de la nation disparurent peu à peu.

N'oublions pas surtout de remarquer que tout

[1] Par l'art. 3 du concordat, le pape s'engageait à procurer la renonciation des évêques émigrés, dont les mandements et les lettres pastorales continuaient à semer le trouble dans leurs anciens diocèses. L'art. 13 sanctionnait l'aliénation des biens ecclésiastiques, et en déclarait la possession incommutable dans la main de leurs acquéreurs et de leurs ayant-cause.

ce qu'entreprit Napoléon pour opérer une fusion générale, il le fit sans renoncer aux principes de la révolution. Il avait rappelé les émigrés sans toucher à l'irrévocabilité de la vente des biens nationaux. Il avait rétabli la religion catholique, tout en proclamant la liberté des consciences, et en donnant une rétribution égale aux ministres de tous les cultes. Il se fit sacrer par le souverain pontife sans souscrire à aucune des concessions que lui demandait le Pape sur les libertés de l'Église gallicane. Il épousa la fille de l'empereur d'Autriche sans abandonner aucun des droits de la France sur les conquêtes qu'elle avait faites. Il rétablit les titres nobiliaires, mais sans y attacher de priviléges ni de prérogatives ; ces titres allaient atteindre toutes les naissances, tous les services, toutes les professions. Sous l'Empire, toute idée de caste était détruite, personne ne pensait à se vanter de ses parchemins ; on demandait à un homme ce qu'il avait fait, et non de qui il était né.

La première qualité d'un peuple qui aspire à un gouvernement libre est le respect de la loi. Or, une loi n'a de force que l'intérêt qu'a chaque citoyen de la respecter ou de l'enfreindre. Pour enraciner dans le peuple le respect de la loi, il fallait qu'elle fût exécutée dans l'intérêt de tous, et qu'elle consacrât le principe de l'égalité dans toute son extension ; il fallait recréer le prestige du pouvoir et enraciner dans les mœurs les principes de la révolution ; car les mœurs sont le sanctuaire des institutions. A la naissance d'une nouvelle société, c'est le législateur qui fait les mœurs ou qui les corrige ; tandis que plus tard ce sont les mœurs qui font les lois ou qui les conservent intactes d'âge en âge. Lorsque les institutions sont d'accord non-seulement avec les intérêts, mais encore avec les sentiments et les habitudes de chacun, c'est alors que se forme cet esprit public, cet esprit général qui fait la force d'un pays, parce qu'il sert de rempart contre tout empiétement de pouvoir, contre toute attaque des partis. " Il y a dans chaque nation, dit Montes-" quieu, un esprit général sur lequel la puissance " même est fondée. Quand elle choque cet esprit, " elle se choque elle-même et s'arrête nécessaire-" ment."

Cet esprit général, si difficile à créer après une révolution, se forma sous l'Empire par l'établissement de ces codes qui fixaient le droit de chacun, par la morale sévère introduite dans l'administration, par la promptitude avec laquelle le pouvoir réprimait toutes les injustices, enfin par

le zèle que l'Empereur mettait sans cesse à satisfaire les besoins matériels et moraux de la nation.
Son gouvernement ne commit pas la faute commune à tant d'autres, de séparer les intérêts de
l'âme de ceux du corps, en rejetant les premiers
dans la région des chimères, et en admettant les
seconds seuls dans la réalité. Napoléon, au contraire, en donnant l'élan à toutes les passions élevées, en montrant que le mérite et la vertu con-
duisaient aux richesses et aux honneurs, prouva
au peuple que les sentiments nobles du cœur humain ne sont que les drapeaux des intérêts matériels bien entendus; de même que la morale
chrétienne est sublime, parce que, même comme
la loi civile, elle est le guide le plus sûr que nous
puissions suivre, la meilleure conseillère de nos
intérêts privés.

Pour constituer la nation, il ne suffisait pas à
l'Empereur de réparer les injustices des gouvernements passés, ou de s'appuyer indistinctement
sur toutes les classes; il fallait encore organiser.
Un système de gouvernement embrasse *l'organisation administrative* et *l'organisation politique*.
Dans un état démocratique comme était la France,
l'organisation administrative avait plus d'importance que dans tout autre, car elle domine jusqu'à

un certain point l'organisation politique. Dans un pays aristocratique, l'action politique étant le partage de toute une classe, les délégués du pouvoir règnent plutôt par leur influence personnelle que par une influence administrative ; la force gouvernementale est répartie entre toutes les familles patriciennes.· Mais dans un gouvernement dont la base est démocratique, le chef seul a la puissance gouvernementale ; la force morale ne dérive que de lui, tout aussi remonte directement jusqu'à lui, soit haine, soit amour. Dans une telle société, la centralisation doit être plus forte que dans toute autre ; car les représentants du pouvoir n'ont de prestige que celui que le pouvoir leur prête, et, pour qu'ils conservent ce prestige, il faut qu'ils disposent d'une grande autorité sans cesser d'être vis-à-vis du chef dans une dépendance absolue, afin que la surveillance la plus active puisse s'exercer sur eux.

Organisation administrative.

L'organisation administrative sous l'Empire eut, comme la plupart des institutions de cette

---

[1] L'Angleterre fournit un exemple à l'appui de cette opinion. Les lords-lieutenants des comtés n'ont pas la moitié du pouvoir qu'ont les préfets en France, ils ont le double de force morale. Leur influence vient de leur position dans la société,

époque, un objet momentané à remplir, et un but éloigné à atteindre. La centralisation était alors le seul moyen de constituer la France, d'y établir un régime stable et d'en faire un tout compacte, capable tout à la fois de résister à l'Europe et de supporter plus tard la liberté. L'excès de centralisation, sous l'Empire, ne doit pas être considéré comme un système définitif et arrêté, mais plutôt comme un moyen. Dans toutes les institutions, c'est l'idée prédominante et la tendance générale qu'il faut surtout rechercher et approfondir.

Une bonne administration se compose d'un système régulier d'impôts, d'un mode prompt et égal pour les percevoir, d'un système de finances qui assure le crédit, d'une magistrature considérée qui fasse respecter la loi ; enfin, d'un système de rouages administratifs qui porte la vie du centre aux extrémités et des extrémités au centre. Mais ce qui distingue surtout une bonne administration, c'est lorsqu'elle fait appel à tous les mérites, à toutes les spécialités, pour éclairer sa marche et mettre en pratique tous les perfectionnements ; c'est lorsqu'elle réprime avec force tous les abus, qu'elle améliore le sort des classes

et non de leur emploi ; c'est le *lord* qui gouverne beaucoup plus que le *lieutenant* du gouvernement.

pauvres, qu'elle éveille toutes les industries, et qu'elle tient une balance égale entre les riches et les pauvres, entre ceux qui travaillent et ceux qui font travailler, entre les dépositaires du pouvoir et les administrés.

La Convention avait divisé le territoire français en départements ; l'Empereur facilita l'exercice du pouvoir par la création des préfets, sous-préfets, maires et adjoints. La France fut divisée en outre en 398 arrondissements communaux. Chaque département avait un conseil général et un conseil de préfecture ; le premier présidait à la répartition des charges publiques, et surveillait l'agent spécial du pouvoir ; le second décidait des demandes des particuliers envers l'administration.

L'Empereur se félicitait à Sainte-Hélène d'avoir institué un ministre du trésor et un ministre secrétaire d'État. Le ministre du trésor concentrait toutes les ressources et contrôlait toutes les dépenses de l'Empire. Du ministre secrétaire d'État émanaient tous les actes ; c'était le ministre des ministres donnant la vie à toutes les actions intermédiaires ; le grand notaire de l'Empire signant et légalisant toutes les pièces.

L'Empereur introduisit l'ordre et l'économie dans outes les branches du service, ainsi que dans l'administration des établissements de charité.   Il rétablit la direction générale des forêts, de l'enregistrement et des douanes, qui étaient auparavant régis par des administrations collectives.   L'administration des forêts fut rendue plus économique et plus simple, celle de l'enregistrement moins onéreuse, par une meilleure distribution des droits à percevoir.

Quant à l'administration militaire, nous voyons dans le *Mémorial de Sainte-Hélène* que Napoléon la trouvait trop étendue : " On avait centralisé à " Paris, dit-il, la direction des marchés, des four-" nitures, les confections, et subdivisé la corres-" pondance du ministère en autant de personnes " qu'il y avait de régiments.   Il fallait, au con-" traire, centraliser les correspondances et subdi-" viser les ressources en les transportant dans les " localités elles-mêmes."

L'ordre judiciaire se composait, sous le Directoire, de 417 tribunaux correctionnels, et de 98 tribunaux civils.   En 1800 il fut rétabli, dans chaque arrondissement communal, un tribunal de première instance, connaissant aussi des matières de police correctionnelle ; ce qui rendait la justice plus facile à tous les citoyens.   Au-dessus de ces tribunaux de première instance s'élevaient vingt-neuf tribunaux d'appel. Chaque département avait un tribunal criminel. A Paris siégeait la cour de Cassation. En 1810, les cours d'appel et les cours criminelles furent réunies, et reçurent le titre de cours impériales; elles connaissaient des matières civiles et des matières criminelles; les cours de justice criminelle furent supprimées. Les cours d'assises et les cours spéciales étaient une émanation des cours impériales.

La réunion de ces deux justices avait deux avantages; le premier, de donner une garantie à l'accusé en le soumettant à une juridiction moins rigoureuse, puisqu'elle n'aurait plus l'habitude de ne chercher que des crimes dans les affaires qui lui étaient soumises. En second lieu, la magistrature criminelle étant, au contraire, par la nature même de ses attributions, impopulaire, la fusion de ces deux corps judiciaires avait pour résultat de faire participer la magistrature criminelle à la considération qui entourait la magistrature civile.

Comme preuve de la bonté des institutions judiciaires sous l'Empire, il n'est pas inutile de remarquer que les crimes allèrent toujours en diminuant, et que le nombre des prisonniers d'État, qui était de 9,000 au 18 brumaire, se trouva réduit à 150 en 1814.

Les finances d'un grand État devaient, suivant l'Empereur, offrir les moyens de faire face aux circonstances extraordinaires, et même aux vicissitudes des guerres les plus acharnées, sans qu'on fût obligé d'avoir recours à de nouveaux impôts dont l'établissement est toujours difficile. Son système consistait à en avoir un grand nombre, qui pesaient peu sur le peuple en temps ordinaire, et dont le taux s'élèverait ou s'abaisserait suivant les besoins, au moyen des centimes additionnels.

On sait à combien d'abus était soumis le recouvrement des impôts avant le 18 brumaire ; aussi le trésor ne possédait-il à cette époque que 150,000 fr. Les rentes et pensions de l'État n'étaient payées qu'en papier qui perdait considérablement sur la place. Les produits versés au trésor se composaient de plus de quarante espèces. Il était impossible de faire un budget.

Au commencement du Consulat, Pitt, notre terrible adversaire, voyait dans le manque d'argent et de crédit la ruine prochaine de la France. Il ignorait toutes les ressources que pouvait en tirer un gouvernement habile et fort. Un an, en effet, suffit à Napoléon après le 18 brumaire, pour régulariser le recouvrement des contributions, de telle sorte que tout en abolissant les moyens violents, il avait fait face aux dépenses, diminué les impôts, rétabli le numéraire effectif, et possédait en portefeuille trois cents millions de valeurs.

"Des finances fondées sur une bonne agriculture ne se détruisent jamais," disait le premier Consul.[1] Les faits lui ont donné raison.

Par l'ordre et la régularité qu'il introduisit dans l'administration et dans les budgets, il fit revivre le crédit. Il favorisa la création de la banque de France ; mais, tout en la rendant indépendante du gouvernement, il se réservait sur elle une action de contrôle. Il demandait, non qu'elle lui prêtât de l'argent, mais qu'elle présentât des facilités pour réaliser à bon marché les revenus de l'État, aux époques et dans les lieux convenables. Il se montra constamment disposé à venir à son aide dans les moments difficiles. "Malgré le mauvais esprit et la méfiance dont quelques régents sont animés, disait-il en 1805, j'arrêterai, s'il le faut, la solde de mes troupes pour soutenir la banque." Il avait l'intention d'ériger des succursales de cet établissement dans toutes les grandes villes de France.

Il créa un ministre du trésor indépendant du ministre des finances. Il ne voulait pas d'alliance

---

[1] Lettre de Napoléon au roi d'Angleterre.

entre la banque et le trésor, parce qu'il pensait qu'un simple mouvement de fonds peut porter avec lui le secret de l'État. Une des plus importantes innovations qui eurent lieu à la trésorerie, fut l'introduction de la comptabilité en partie double.

La France doit se féliciter de ce que le système d'emprunt, qui écrase aujourd'hui l'Angleterre, n'ait pas été mis en vigueur sous l'Empire. Napoléon avait posé les principes contraires, en fixant par une loi spéciale, le montant de la dette publique à quatre-vingt millions de rentes.

On peut compter parmi les améliorations qu'on doit à l'Empire la loi qui obligeait les receveurs généraux, les notaires et les agents de change à fournir des cautionnements. Pour un gouvernement nouveau, il était essentiel que le cours de la dette se maintînt en état progressif ; et la conséquence naturelle de cette nécessité était un droit de police et de surveillance sur les hommes qui, ne spéculant que sur la variation de ce cours, peuvent avoir intérêt à lui imprimer un mouvement rétrograde. Les investigations éclairées de l'Empereur allèrent jusqu'à faire rectifier le taux des rentes viagères comme n'étant pas d'accord avec le calcul des probabilités.

Il fonda la caisse d'amortissement. Il s'exprimait ainsi à cette occasion : " On dit qu'une caisse d'amortissement ne doit être qu'une machine à emprunt ; cela peut être vrai ; mais le *temps n'est pas venu pour la France de fonder ses finances sur des emprunts.*" Il installa une caisse de service qui était principalement chargée d'opérer avec célérité dans les départements l'application locale des recettes aux dépenses. Elle ouvrait des comptes courants aux receveurs généraux.

Il avait l'intention de créer des caisses d'activité, dont les sommes croissantes eussent été consacrées aux travaux d'amélioration publique. Il y aurait eu la caisse d'activité de l'Empire pour les travaux généraux, la caisse des départements pour les travaux locaux, la caisse des communes pour les travaux municipaux.

En 1806, le droit de passe et de taxe sur les routes fut supprimé, et une loi autorisa l'établissement d'octrois municipaux dans les villes où les hospices civils n'avaient pas de revenus suffisants.

Le conseil de liquidation, installé en 1802, cessa ses travaux le 30 juin 1810. Il avait ainsi liquidé toutes les dettes de l'État ; cette longue plaie de la révolution, comme le dit M. Thibaudeau, était enfin fermée.[1]

[1] Thibaudeau, tome VIII, page 28.

L'Empereur estimait qu'il fallait à la France un budget de 800,000,000 pour l'état de guerre, et de 600,000,000 pour l'état de paix. Le budget sous l'Empire n'a jamais dépassé le chiffre ci-dessus, excepté après les revers de Moscou ; il était donc, malgré la guerre, de 400,000,000 moins élevé que celui dont vingt-quatre années d'une paix profonde ont grevé la France. L'Empereur ne dépensait pas pour lui la moitié de sa liste civile, et il employait l'excédant, soit à former un fonds de réserve, soit à faire exécuter des travaux publics, soit à seconder les manufactures. En 1814, toutes ses réserves furent consacrées à soutenir la guerre nationale.

Un bon système de comptabilité est le complément indispensable d'un bon système de finances. La Constitution de l'an VIII avait conservé une commission de comptabilité chargée de juger les comptes ; elle n'avait pu suffire aux travaux immenses accumulés sur elle. Depuis 1792 jusqu'en 1807, sur 11,477 comptes, elle n'en avait jugé que 8,793.[1] L'Empereur, jaloux de tout régulariser, établit la cour des comptes, qui mit au courant cette partie importante du service public.

On a reproché à l'Empereur d'avoir, dans le

[1] Thibaudeau, tome VIII, page 130.

prélèvement des impôts, trop favorisé la propriété foncière. Il pensait que, pendant la paix, il fallait ménager la ressource des impôts directs, parce que ce sont les seuls qui, pendant la guerre, supportent toutes les charges ; et qu'il fallait profiter de l'activité que la paix imprime aux consommations pour leur demander des contributions indirectes, qu'elles ne peuvent plus fournir en temps de guerre. D'ailleurs, un but politique aurait pu présider à cette préférence momentanée ; car il faut remarquer que les changements politiques survenus depuis 1789 avaient créé environ dix millions de propriétaires fonciers ; que ces propriétaires, dont tous les intérêts se rattachaient à la révolution, étaient la classe que le gouvernement devait surtout ménager ; car c'était cette masse de nouveaux acquéreurs qui était appelée à former l'esprit public. L'Empereur disait un jour au conseil d'État : " Le système d'impositions est mau- " vais ; il fait qu'il n'y a ni propriété ni liberté " civile ; car la liberté civile dépend de la sûreté " de la propriété. Il n'y en a point dans un pays " où l'on peut chaque année changer le vote du " contribuable. Celui qui a 3,000 fr. de rente " ne sait pas combien il lui en restera l'année sui- " vante pour exister. On peut absorber tout son

" revenu par la contribution. On voit, pour un
" misérable intérêt de 50 à 100 fr., plaider solen-
" nellement devant un grave tribunal, et un sim-
" ple commis peut d'un seul coup de plume, vous
" surcharger de plusieurs milliers de francs ! Il n'y
" a donc plus de propriété ! Lorsque j'achète un
" domaine, je ne sais pas ce que je fais. En Lom-
" bardie, en Piémont, il y a un cadastre ; chacun
" sait ce qu'il doit payer. Le cadastre est inva-
" riable; on n'y fait des changements que dans les
" cas extraordinaires, et après un jugement solen-
" nel. Si l'on augmente la contribution, chacun
" en supporte sa part au marc la livre, et peut
" faire ce calcul dans son cabinet. On sait alors
" ce qu'on a ; il y a une propriété. Pourquoi n'y
" a-t-il pas d'esprit public en France ? C'est qu'un
" propriétaire est obligé de faire sa cour à l'admi-
" nistration. S'il est mal avec elle, il peut être
" ruiné. Le jugement des réclamations est arbi-
" traire. C'est ce qui fait que chez aucune autre
" nation on n'est aussi servilement attaché au
" gouvernement qu'en France, parce que la pro-
" priété y est dans la dépendance. En Lombardie,
" au contraire, un propriétaire vit dans sa terre
" sans s'inquiéter qui gouverne. On n'a jamais
" rien fait en France pour la propriété. Celui qui

" fera une bonne loi sur le cadastre méritera une
" statue." En 1810, le cadastre parcellaire était
exécuté dans 3,200 communes ; environ 600,000
propriétaires jouissaient de l'égalité proportion-
nelle dans les communes cadastrées.

La propriété des mines n'avait jamais été réglée
qu'imparfaitement. En 1810, elle fut régularisée
par des lois, et l'Empereur créa un corps d'ingé-
nieurs des mines.

L'amélioration des classes pauvres fut une des
premières préoccupations de l'Empereur. Dans
une lettre au ministre de l'intérieur, du 2 novem-
bre 1807, il dit qu'il attache à la destruction de la
mendicité une grande idée de gloire. Il fit établir des dépôts de mendicité ; quarante-deux existaient déjà en 1809. Pour trouver les moyens
efficaces de soulager la misère du peuple, il pro-
voquait les avis de tous les publicistes. Il institua
la société maternelle, qui devait avoir un conseil
d'administration dans chacune des grandes villes
de l'Empire. L'institution des sœurs de la charité
fut rétablie avec tous ses anciens avantages, sans
les abus qui en avaient altéré la destination. Six
maisons destinées à recueillir les orphelines de la
Légion d'honneur, jusqu'au nombre de 600, furent
créées en 1810. L'hôtel des Invalides reçut en

E

1803 une nouvelle organisation, et on lui adjoignit sur divers points plusieurs succursales. Napoléon créa des camps pour les vétérans, où chacun de ceux qui y étaient admis avait une habitation rurale, une portion de terre d'un revenu net, égal à la somme de retraite.

En 1807, on rendit aux hospices les biens qu'un décret de la Convention avait aliénés.

Les condamnés par les tribunaux criminels et par la police correctionnelle restaient confondus dans les prisons avec les prévenus et les accusés. Le gouvernement adopta le système des prisons centrales pour les condamnés à une année au moins de détention.

L'Empereur voulait que tout dans le culte fût gratuit, et pour le peuple, que l'inhumation du pauvre fût faite gratuitement et décemment. " On n'avait pas le droit, disait-il, de mettre un impôt sur les morts ; on ne devait pas priver les pauvres, parce qu'ils sont des pauvres, de ce qui les console de la pauvreté." Il ordonna que les églises fussent ouvertes gratuitement au public ; que si l'église était tendue en noir pour un riche, on ne la détendrait qu'après le service du pauvre. Il avait eu l'intention de faire réduire le dimanche les places du parterre du Théâtre-Français à 1 fr., afin que le peuple pût jouir des chefs-d'œuvre de notre littérature. Dans le discours qu'il prononça en 1807 devant le corps législatif, il dit que dans toutes les parties de son empire, même dans le plus petit hameau, l'aisance des citoyens et la valeur des terres se trouveraient bientôt augmentées par l'effet du système général d'amélioration qu'il avait conçu.

La guerre l'empêcha de réaliser complétement un aussi grand projet, et arrêta l'exécution d'une foule d'autres améliorations philanthropiques, parmi lesquelles nous citerons le désir de faire cesser les inconvénients existants à la maison de dépôt de la préfecture de police à Paris, où l'on voit les plus honnêtes gens exposés à passer la nuit confondus avec des voleurs et des scélérats.

Communes.—L'administration de la France était une machine qui s'organisait. Il fallait, comme cela a été dit plus haut, tout centraliser pour améliorer, vivifier, fonder, sauf à reporter ensuite à la circonférence la part de pouvoir que le centre avait absorbée momentanément.

L'Empereur sentait toute l'importance d'une bonne administration communale; il disait qu'il fallait bien se garder de détruire l'esprit munici-

pal. Il soutenait souvent les maires contre les
préfets, et voulait que ceux-ci assistassent à l'in-
stallation des maires. Suivant son opinion, les
octrois devaient être administrés, dans l'intérêt
des communes, par les maires, et les préfets devaient se borner à une simple surveillance.

Pour encourager, dans les communes rurales,
des échanges propres à faire disparaître la dis-
sémination et l'enchevêtrement des pièces de
terre, le gouvernement exempta des droits d'enregistrement la première commune dont les habitants auraient exécuté cette opération par un
accord général.

L'esprit communal est un esprit essentielle-
ment conservateur ; tout ce qu'il a acquis, que ce
soit un abus ou un avantage, il le garde avec la
même ténacité. Pour régénérer la commune, il
fallait la priver momentanément d'une partie de
ses droits, jusqu'à ce que son éducation fût faite ;
alors seulement on lui eût rendu, sans crainte
pour le bien général, une plus grande indépendance. La prospérité des communes fut l'objet
de toute la sollicitude de l'Empereur. Le plan
qu'il avait conçu pour améliorer leur état se trouve
développé dans une lettre écrite par lui au ministre de l'intérieur.

" Travailler, disait-il, à la prospérité des 36,000 communautés, c'est travailler au bonheur des 30 millions d'habitants, en simplifiant la question, en diminuant la difficulté de tout ce qu'établit de différence le rapport de 36,000 à 30 millions." Dans ce but, l'Empereur classa les communes en trois catégories : communes endettées, communes au courant, communes ayant des ressources disponibles. D'après des moyens qu'il expliqua au ministre de l'intérieur, cinq années auraient suffi pour faire disparaître les municipalités endettées ; il n'y aurait plus eu alors que deux classes de communes : communes ayant des ressources disponibles, et communes au courant ; et au bout de dix ans, la France n'aurait plus compté que des communes ayant des ressources disponibles.

" L'aliénation des biens des communes, sous le rapport des progrès de l'agriculture, était, disait l'Empereur, la plus grande question d'économie politique qu'on pût agiter." Elle fut tranchée par les besoins impérieux de la guerre. En 1813, on vendit les terres, maisons et usines appartenant aux communes ; on leur laissa les bois, pâtis, pâturages, tourbières, et autres biens dont les habitants jouissaient en commun, ou dont ils ne tiraient aucun loyer : aussi bien que les édifices

affectés au service public, et les emplacements qui
concouraient à la salubrité des lieux ou à l'agré-
ment. Les biens à vendre étaient cédés à la caisse
d'amortissement. Les communes recevaient, en
inscriptions à cinq pour cent, une rente propor-
tionnée au revenu net de leurs biens cédés.

On voit clairement, par ce qui précède, que les
intentions de l'Empereur étaient toutes portées
vers l'amélioration du bien-être matériel du pays.
On voit encore que lorsque les désastres de la
guerre le forcent à recourrir à des expédients, les
ressources qu'il sait se créer ne sont pas désas-
treuses pour le pays, et qu'elles ne ressemblent
guère à tous les moyens employés par d'autres
gouvernements dans des circonstances analogues.
Il n'y eut ni papier-monnaie, ni emprunt forcé, ni
emprunt écrasant, ni altération de la valeur de la
même monnaie, comme cela se fit sous Frédéric-
le-Grand.

L'Empereur avait fait une distinction précise
entre les ressources d'un État. " Jadis, disait-il,
on ne connaissait qu'une espèce de propriété,
celle du terrain ; il en est survenu une nouvelle,
celle de l'industrie, aux prises en ce moment avec
la première : c'est la grande lutte des champs
contre les comptoirs, des créneaux contre les mé-

tiers ; puis une troisième, celle dérivant des énormes charges perçues sur les administrés, et qui, distribuées par les mains neutres et impartiales du gouvernement, peuvent garantir du monopole des deux autres, leur servir d'intermédiaire, et les empêcher d'en venir aux mains." Il faisait la classification suivante :

L'Agriculture, l'âme, la base de l'Empire.

L'Industrie, l'aisance, le bonheur de la population.

Le Commerce extérieur, la surabondance, le bon emploi des deux autres.

Le Commerce extérieur, infiniment au-dessous des deux autres dans ses résultats, leur a été aussi constamment subordonné dans la pensée de Napoléon. "Celui-ci est fait pour les deux autres, disait-il ; les deux autres ne sont pas faits pour lui. Les intérêts de ces trois bases essentielles sont divergents, souvent opposés. Je les ai constamment servis dans leur rang naturel."

L'agriculture n'a cessé de faire de grands progrès sous l'Empire. "C'est par des comparaisons et des exemples, disait Napoléon, que l'agriculture, comme tous les autres arts, se perfectionne." Il ordonnait aux préfets de lui faire connaître les propriétaires-cultivateurs qui se distingueraient, soit par une culture mieux entendue et mieux raisonnée, soit par une éducation plus soignée des bestiaux et par l'amélioration des espèces. Dans les départements qui étaient arriérés pour la culture, on engageait les bons propriétaires à envoyer leurs enfants étudier la méthode usitée dans les départements où l'agriculture était florissante. Des éloges et des distinctions étaient décernés à ceux qui avaient le mieux profité.

Le Code rural, projeté dès 1802, fut soumis en 1808 à des commissions consultatives, formées dans chaque ressort de cour d'appel, et composées de juges, d'administrateurs et d'agriculteurs les plus distingués. Il ne put être achevé sous l'Empire.

En 1807 le gouvernement créa dans l'école vétérinaire d'Alfort une chaire d'économie rurale.

L'*industrie* non-seulement fut encouragée sous l'Empire, mais on peut dire qu'elle fut en quelque sorte créée ; elle atteignit en peu de temps un degré extraordinaire de prospérité.

L'Empereur, en disant que l'industrie était une nouvelle propriété, exprimait d'un seul mot son importance et sa nature. L'esprit de propriété est par lui-même envahissant et exclusif. La propriété du sol avait eu ses vassaux et ses serfs. La révolution affranchit la terre ; mais la nouvelle propriété de l'industrie, s'agrandissant journellement, tendait à passer par les mêmes phases que la première, et à avoir comme elle ses vassaux et ses serfs.

Napoléon prévit cette tendance inhérente à tout système dont les progrès sont des conquêtes ; et, tout en protégeant les maîtres des établissements industriels, il n'oublia pas aussi le droit des ouvriers. Il établit à Lyon, et plus tard dans d'autres villes manufacturières, un conseil de prud'hommes, véritables juges de paix de l'industrie, qui étaient chargés de régler les différends qui pouvaient naître entre ceux qui travaillent et ceux qui font travailler. Des règlements furent publiés sur la police des fabriques, les marques particulières, le contentieux, les obligations respectives des ouvriers et des fabricants. Des chambres consultatives de manufactures, fabriques, arts et métiers furent instituées. On installa au ministère de l'intérieur un conseil général de fabriques et de manufactures. L'Empereur prêta souvent sur sa liste civile à des manufactures qui, faute de débit, étaient dans le cas de suspendre leurs travaux. Son intention était de venir au secours de l'industrie par l'établisse-

ment d'une caisse particulière. Il écrivait après
la bataille d'Eylau, au ministre de l'intérieur :
"Mon but n'est pas d'empêcher tel négociant de
faire banqueroute ; les finances de l'État n'y suf-
firaient pas ; mais d'empêcher telle manufacture
de se fermer. Mon but est de suppléer à la
vente en prêtant. Je veux bâtir un établissement
stable et perpétuel, et le doter de quarante à cinquante millions, de manière que le défaut de débit
soit moins cruel pour le manufacturier."

L'Empereur releva l'industrie en faisant concourir les sciences à son amélioration. "Si l'on
m'êut laissé le temps, disait-il, bientôt il n'y aurait plus eu de métiers en France ; tous eussent
été des arts." En effet, la chimie et la mécanique
furent sous son règne employées à perfectionner
toutes les branches d'industrie. Aussi que de
machines furent créées, que d'inventions virent
le jour durant le régime impérial !

Si l'esprit d'association n'a pas fait plus de
progrès en France, ce n'est pas faute d'encouragement de la part du chef de l'État ; car au milieu
des préoccupations de la guerre, il ordonna au
ministre de l'intérieur de chercher à vendre à
des compagnies les canaux qui étaient achevés,
et lui enjoignit en 1807 de faire exécuter le pont

d'Iéna en fer comme le pont des Arts, par une compagnie.

L'Empereur s'opposa toujours au rétablissement des jurandes et des maîtrises. Il établit des écoles d'arts et de métiers à Châlons. Les prix les plus élevés furent fondés pour encourager toutes les inventions. Une somme d'un million fut promise à l'inventeur de la meilleure machine pour filer le lin ; un premier prix de 40,000 francs, et un second de 20,000, à l'auteur de la machine la plus propre à ouvrir, carder, peigner et filer la laine.

Il créa des manufactures de coton, qui comportent le coton filé, le tissu, enfin l'impression. Avant l'Empire, l'art de filer le coton n'était pas pratiqué en France, les tissus nous venaient de l'etranger. Le coton fut cultivé avec avantage au midi de la France, en Corse, en Italie ; on en évalua en 1810 la récolte à 100,000 kilogrammes. Les mérinos furent élevés et répandus dans tout l'Empire. Napoléon ordonna qu'on fît des fouilles pour chercher du granit, et c'est à cet ordre qu'on doit les carrières qu'on exploite aujourd'hui.[1] Les produits européens remplacèrent les produits exotiques ; le pastel suppléa à l'indigo ; la bette-

[1] Bignon.

rave fut substituée à la canne à sucre ; et la garance à la cochenille ; les fabriques de soudes artificielles remplacèrent les soudes étrangères ; et maintenant tous ces différents produits sont, pour la plupart, une source de richesse pour la France. La fabrication du sucre de betterave s'élève à 50,000,000 de kilogrammes par an.

Le *commerce* extérieur au delà des mers ne put, à cause de la guerre, avoir une grande extension ; mais le commerce intérieur prit un immense développement ; car on peut dire qu'alors le commerce intérieur était le commerce européen, depuis Hambourg jusqu'à Rome.

Un conseil général de commerce fut installé près du ministre de l'intérieur, de même qu'il en avait été établi un pour l'industrie.

Dans tous ses traités, l'Empereur vise toujours à favoriser le commerce français. En 1808, il ouvre des débouchés en Espagne aux produits nationaux, en faisant supprimer les prohibitions sur les soieries de Lyon, de Tours et de Turin. Il assure un pareil accès au drap de Carcassonne, à la toile de Bretagne, à la quincaillerie française. Il veut que le commerce établisse à Pétersbourg des maisons françaises, qui reçoivent des marchandises de France, et fassent venir en France

des marchandises russes. Et c'est encore, grâce
à un traité fait par l'Empereur avec la Russie,
que la France tire aujourd'hui de ce pays les bois
de construction nécessaires à sa marine.

Le Code commercial fut terminé et adopté
en 1807.

Les *travaux publics*, que l'Empereur fit exécuter sur une si grande échelle, furent non-seulement une des causes principales de la prospérité intérieure, mais ils favorisèrent même un
grand progrès social. En effet, ces travaux, en
multipliant les communications, produisaient trois
grands avantages : le premier, d'employer tous
les bras oisifs et de soulager ainsi les classes pauvres ; le second, de favoriser l'agriculture, l'industrie et le commerce ; la création de nouvelles
routes et de canaux augmentant la valeur des
terres, et facilitant l'écoulement de tous les produits. Le troisième enfin était de détruire l'esprit
de localité, et de faire disparaître les barrières
qui séparent, non-seulement les provinces d'un
État, mais les différentes nations, en facilitant
tous les rapports des hommes entre eux, et en
resserrant les liens qui doivent les unir. Le
système de Napoléon consistait à faire faire par
l'État un grand nombre de constructions, et

une fois celles-ci terminées, de les revendre et d'affecter le produit de cette vente à l'exécution d'autres travaux. Il est important de remarquer que, malgré la guerre, l'Empereur trouva le moyen de dépenser en douze ans 1,005,000,000 pour des travaux publics; et l'homme qui eut tant de trésors à sa disposition, qui distribua 700 millions en dotations, n'eut jamais de propriétés particulières.

L'*instruction publique* devait, sous un régime éclairé comme l'était celui de l'Empire, participer à l'impulsion imprimée par le chef de l'État à toutes les branches de l'administration. "Il n'y a, " disait l'Empereur, que ceux qui veulent trom- " per les peuples et gouverner à leur profit, qui " peuvent vouloir les retenir dans l'ignorance; " car plus les peuples seront éclairés, plus il y " aura de gens convaincus de la nécessité des " lois, du besoin de les défendre, et plus la so- " ciété sera assise, heureuse, prospère; et s'il " peut arriver jamais que les lumières soient nui- " sibles à la multitude, ce ne sera que quand le " gouvernement, en hostilité avec les intérêts du " peuple, l'acculera dans une position forcée, ou " réduira la dernière classe à mourir de misère; " car alors il se trouvera plus d'esprit pour se " défendre ou devenir criminel."

La Convention nationale avait déjà beaucoup fait en renversant l'édifice gothique de l'enseignement. Mais, dans les moments de troubles, il est difficile de fonder; et les établissements d'instruction projetés étaient restés imparfaits. Il n'y avait d'écoles primaires que dans les villes, les écoles centrales étaient désertes. Napoléon divisa, en 1802, l'enseignement en trois classes : 1º les écoles municipales ou primaires; il devait en être créé 23,000; 2º les écoles secondaires, ou colléges communaux; 3º les lycées et les écoles spéciales, entretenues aux frais du trésor. L'Institut était la tête de tout l'édifice. La plus grande activité fut imprimée à la création des écoles, que se disputèrent à l'envi les villes et les départements, et dont ils offrirent de faire les frais.

On établit d'abord quarante-cinq lycées : il devait y en avoir un au moins par arrondissement de chaque tribunal d'appel. Trois commissions de savants parcoururent le pays, pour verser dans les lycées tous les matériaux de l'instruction. Il y avait 6,400 élèves pensionnaires de l'État.

Le gouvernement fit faire des ouvrages pour l'enseignement des mathématiques par La Place, Monge et Lacroix; d'histoire naturelle par Duménil; de minéralogie par Brongniart; de chimie par Adet; d'astronomie par Biot; de physique par Haüy.

La dénomination de Prytanée français, sous laquelle jusqu'alors avaient été compris plusieurs colléges, fut donnée, en 1803, au seul collége de Saint-Cyr, école gratuite réservée aux fils de militaires morts sur le champ de bataille. Les élèves de cette école, après avoir subi des examens, passaient à l'école spéciale de Fontainebleau, qui fut aussi créée à cette époque.

On établit une école spéciale de marine et des vaisseaux-écoles à Toulon et à Brest.

On créa deux écoles pratiques de mines, l'une à Geislautern, département de la Saar; l'autre à Pesey, département du Mont-Blanc.

En 1806, l'Empereur sentit le besoin de régulariser l'instruction par un système général. On a reproché à ce système d'entraver la liberté; mais, comme il a été dit plus haut, le temps de la liberté n'était pas venu; et lorsqu'un gouvernement se trouve à la tête d'une nation qui vient de s'affranchir de toutes les idées du passé, il est de son devoir, non-seulement de diriger la génération présente, mais d'élever la génération qui surgit dans les principes qui ont fait triompher cette révolution. " Il n'y aura pas d'État politique fixe,

" dit l'Empereur, s'il n'y a pas de corps ensei-
" gnant avec des principes fixes ; sa création, au
" contraire, fortifiera l'ordre civil."

Tout en renfermant des restrictions, le système d'éducation était un beau et grand monument, et se trouvait en harmonie avec l'ensemble
de l'organisation impériale, qui s'adressait à toutes
les capacités, frayait le chemin, le traçait avec
précision, en faisant disparaître toutes les entraves qui empêchaient de le parcourir. Vous tous
qui voulez vous livrer à l'art d'enseigner, comme
vous qui voulez vous vouer, soit à l'art de guérir,
soit à la science du jurisconsulte, la carrière vous
est ouverte ; pourvu que la société ait les garanties suffisantes que vous êtes capables d'enseigner
la morale et non le vice ; que vous savez distin-
guer les plantes bienfaisantes des sucs venimeux,
ou que, élèves de la loi, vous en avez étudié l'esprit, et que vous saurez la défendre !

Les premières dispositions adoptées par Napoléon avaient fait faire de grands progrès à l'instruction publique. De nombreuses écoles s'é-
taient élevées ; mais elles étaient isolées et indé-
pendantes les unes des autres. L'état des hommes
qui se consacraient à l'enseignement n'était pas
assuré ; ils n'étaient point assujettis à un règle-

F

ment commun. L'Empereur conçut le projet de lier par des rapports immédiats tous ces établissements, en réunissant en un corps tous les professeurs, et en relevant l'importance de leur état à l'égal des emplois les plus considérés.

L'enseignement public dans tout l'Empire fut confié exclusivement à l'université. Elle était composée d'autant d'académies qu'il y avait de cours d'appel. Les écoles appartenant à une académie étaient placées dans l'ordre suivant : 1° les facultés pour les sciences approfondies et pour la collation des grades ; 2° les lycées ; 3° les collèges et écoles secondaires communales ; 4° les institutions, écoles tenues par des instituteurs particuliers ; 5° les pensionnats, appartenant à des maîtres particuliers et consacrés à des études moins fortes que celles des institutions ; 6° les petites écoles, écoles primaires. Les petits séminaires étaient sous la surveillance de l'université.

Il y avait cinq ordres de facultés, ceux de théologie, de droit, de médecine, des sciences mathématiques et physiques. Il y avait une faculté de théologie par église métropolitaine, en outre une à Strasbourg et une à Genéve pour la religion réformée. Les écoles de droit formaient douze facultés : les cinq écoles de médecine en formaient cinq. Une faculté des sciences et une faculté des lettres étaient établies auprès de chaque lycée, chef-lieu d'une académie.

Dans chaque faculté les grades étaient le baccalauréat, la licence, le doctorat, qui étaient conférés à la suite d'examens.

La hiérarchie administrative et d'enseignement comprenait dix-neuf degrés. Nul ne pouvait être appelé à une place qu'après avoir passé par les places inférieures et obtenu dans les différentes facultés des grades correspondants à la nature et à l'importance des fonctions. Les fonctionnaires étaient divisés en titulaires, en officiers de l'université et en officiers des académies; ils étaient soumis à une discipline sévère. Après un service de trente années sans interruption, ils pouvaient être déclarés émérites et obtenir une pension de retraite.

L'université était régie et gouvernée par le grand maître nommé par l'Empereur, et révocable.

Le conseil de l'université était composé de 30 membres. Au chef-lieu de chaque académie, il y avait un conseil académique de dix membres.

Il y avait des inspecteurs généraux de l'université, chargés de visiter les établissements d'instruction par ordre du grand maître.

Il devait être établi, auprès de chaque académie
et dans l'intérieur des collèges et des lycées, une
ou plusieurs écoles destinées à former de bons
maîtres pour les écoles primaires.

L'université devait tendre sans relâche à perfectionner l'enseignement dans tous les genres, à
favoriser la composition des ouvrages classiques,
et veiller surtout à ce que l'enseignement des
sciences fût toujours au niveau des connaissances
acquises et à ce que l'esprit de système ne pût
jamais en arrêter les progrès.

Les lycées, dont le nombre fut porté à cent en
1811, devaient être la pépinière des professeurs,
des recteurs, des maîtres d'études. L'Empereur
voulait qu'on leur donnât de grands motifs d'é-
mulation, afin que les jeunes gens qui se voue-
raient à l'enseignement eussent la perspective de
s'élever d'un grade à l'autre jusqu'aux premières
places de l'État. Il y eut dans chaque lycée vingt
élèves entretenus aux frais du gouvernement ;
quatre-vingts l'étaient par moitié, et cinquante
aux trois quarts, afin de faciliter aux talents pauvres les moyens de se produire.

Dans l'élan qu'il imprima à l'instruction, Napoléon remplaça l'étude des langues mortes, qui
étaient presque exclusivement enseignées aupar-

avant, par l'étude plus utile des sciences physiques et mathématiques, et ce fut dans le même esprit qu'il s'opposa à la prééminence qu'on voulait donner à la médecine sur la chirurgie.

L'école polytechnique, dont la fondation appartient au Directoire, prit un grand développement et fournit des officiers distingués aux armées, et des savants dans toutes les autres branches de la science pratique.

L'école normale, dont l'établissement avait été projeté sous la Convention, reçut sa destination salutaire sous l'Empire.

Napoléon créa, sous le titre de maisons impériales, deux établissements distincts : l'un pour l'éducation des filles des membres de la Légion d'honneur, l'autre pour l'éducation des orphelines. Dans le premier on recevait une éducation brillante ; dans le second les orphelines apprenaient tous les ouvrages de femme propres à leur donner les moyens de gagner leur vie.

Il fut pourvu au sort des enfants dont l'éducation était confiée à la charité publique ; ils formaient trois classes, les enfants trouvés, les enfants abandonnés, les orphelins pauvres. Un hospice dans chaque arrondissement fut chargé de les recevoir.

On créa à Rouen une école de préparation ana-
tomique. L'école des arts et métiers, fondée en
1803 à Compiègne et transférée ensuite à Châlons-
sur-Marne, avait pour objet de répandre partout
les bienfaits d'une éducation industrielle. En
1806 on en créa une seconde à Beaupréau, et une
troisième dans l'abbaye de Saint-Maximilien près
de Trèves.

L'école française des beaux-arts à Rome fut
remise en activité et transférée à la villa Medici.
On y envoya quinze élèves.

L'Empereur ne se borna pas à créer des écoles,
il stimula encore tous les genres de mérite par des
prix et des récompenses auxquels, dans un grand
but d'émulation, il fit concourir tous les savants
de l'Europe. Un prix de 60,000 francs fut institué pour celui qui ferait faire des progrès au gal-
vanisme, et un autre, consistant en une médaille
de 3,000 francs, pour la meilleure expérience qui,
au jugement de l'Institut, serait faite chaque année
sur ce même sujet. En 1808 le célèbre chimiste
anglais Davy gagna le prix annuel de l'Institut.

Les prix décennaux, qui furent alors fondés,
étaient un encouragement offert à toutes les
sciences et à tous les arts. Il y en avait neuf de
10,000 francs, et treize de 5,000.

Parmi les nombreux encouragements accordés aux sciences, il faut mentionner le prix de 12,000 francs, qui fut promis à l'auteur du meilleur mémoire sur la maladie du croup.

L'Empereur consacra le droit de propriété aux héritiers des auteurs morts ayant laissé des ouvrages posthumes.

Il avait conçu l'idée d'ériger une sorte d'université littéraire, composée d'une trentaine de chaires si bien coordonnées, qu'elles présentassent comme une sorte de bureau destiné à faciliter les recherches littéraires, géographiques, historiques et politiques ; où, par exemple, quiconque voudrait connaître une époque pût s'informer des ouvrages qu'il devait lire, des mémoires, des chroniques qu'il devait consulter ; où tout homme, enfin, qui voudrait parcourir une contrée, pût se procurer les renseignements nécessaires sur son voyage.

"Le seul encouragement raisonnable pour la "littérature, disait l'Empereur, ce sont les places "à l'Institut, parce qu'elles donnent aux poètes "un caractère dans l'État." Il aurait voulu que la seconde classe de l'Institut formât une sorte de tribunal littéraire, chargé de faire une critique raisonnée et impartiale des écrits de quelque mérite qui viendraient à paraître.

Il n'épargna rien pour honorer la mémoire des savants qui étaient morts. D'Osterode, tout couvert de la poussière des batailles, il ordonna de placer la statue de d'Alembert dans la salle des séances de l'Institut. Il fit élever des mausolées à Voltaire et à Rousseau.

Les bustes de Tronchet et de Portalis, les rédacteurs du premier projet du Code Napoléon, furent placés dans la salle du conseil d'État.

A Cambrai, un monument fut élevé aux cendres de Fénelon.

Malgré les guerres, le gouvernement impérial ne négligea rien de ce qui pouvait avancer les sciences. C'est ainsi qu'en 1806, entre autres, il ordonna la publication, à ses frais, de la relation des voyages et découvertes, faits de 1800 à 1804, par Perron, Lesueur et le capitaine Baudin.

Biot et Arago furent envoyés en Espagne pour continuer la mesure de l'arc du méridien jusqu'aux îles Baléares.

L'Institut national fut chargé de dresser un tableau général des progrès des sciences, des lettres et des arts depuis 1789 ; il était tenu de le faire présenter tous les cinq ans, au gouvernement, par une députation. Ce corps devait en outre proposer ses vues sur les découvertes dont il croirait l'application utile au service public, sur les secours et les encouragements dont les sciences, les arts et les lettres auraient besoin, et sur le perfectionnement des méthodes employées dans les différentes branches de l'enseignement public.

On voit donc que l'Empereur donna à l'instruction le même élan qu'à l'industrie ; et l'on peut dire avec Thibaudeau,[1] que ce sont les élèves des lycées qui, après la chute de l'Empire, ont continué dans les arts, les sciences et les lettres, la gloire de la France.

De l'armée.—Il serait hors de notre sujet d'examiner toutes les améliorations que subit l'organisation de l'armée, et de raconter les hauts faits qui l'ont illustrée. L'univers entier connaît les exploits de ces soldats héroïques qui depuis Arcole jusqu'à Waterloo secondèrent les entreprises gigantesques de Napoléon, et mouraient pour lui avec bonheur, parce qu'ils savaient que c'était mourir pour la France. Il serait d'ailleurs trop long de retracer tout ce que l'armée a fait pour l'Empereur, et tout ce que l'Empereur a fait pour elle ; examinons seulement sous un point de vue social l'organisation militaire.

La conscription, qui malheureusement pesa

[1] Tome III, page 404.

tant sur la France à cause de la prolongation de
la guerre, fut une des plus grandes institutions
du siècle. Non-seulement elle consacrait le principe d'égalité, mais, comme l'a dit le général
Foy,[1] "elle devait être le palladium de notre
indépendance, parce que, mettant la nation dans
l'armée et l'armée dans la nation, elle fournit à
la défense des ressources inépuisables." Le
principe qui avait présidé à l'institution de la loi
sur la conscription devait recevoir de plus grands
développements, et l'on peut dire que les idées
de l'Empereur ont été mises en pratique par d'autres gouvernements, entre autres par la Prusse.
Il ne suffisait pas, en effet, que l'armée fût recru-
tée dans toute la nation ; mais il fallait que toute
la nation pût, dans un cas de malheur, servir de
réserve à l'armée. L'Empereur disait que "jamais une nation, lorsqu'elle repousse une invasion,
ne manque d'hommes, mais trop souvent de
soldats." Le système militaire de la Prusse offre
des avantages immenses ; il fait disparaître les
barrières qui séparent le citoyen du soldat ; il
donne le même mobile et le même but à tous les
hommes armés, la défense du sol de la patrie ; il
fournit les moyens d'entretenir une grande force

---

[1] Guerre de la Péninsule, tome I, p. 54.

militaire avec le moins de frais possible ; il rend tout un peuple capable de résister avec succès à une invasion. L'armée en Prusse est une grande école où toute la jeunesse vient s'instruire au métier des armes ; la landwehr, qui est divisée en trois bans, est la réserve de l'armée. Dans l'organisation militaire, il y a donc plusieurs classifications, mais toutes partant de la même source, elles ont le même but : il y a émulation entre les corps organisés, et non rivalité.

On sait que la garde nationale, dont l'institution était tombée en désuétude dans les derniers temps de la République, fut rétablie par Napoléon en 1806. En 1812 on la divisa en trois bans, composés, le premier, des hommes de 20 à 26 ans, des six dernières classes de la conscription, qui n'avaient pas été mis en activité ; le second, de tous les hommes valides de 26 à 40 ans ; le troisième, ou arrière-ban, des hommes de 40 à 60 ans. On voit que ce système était complétement en rapport avec celui qui est aujourd'hui en vigueur en Prusse. "A la paix, disait l'Empereur, j'aurais amené tous les souverains à n'avoir plus que leur simple garde ; j'aurais procédé à l'organisation de la garde nationale de manière à ce que chaque citoyen connût son poste

au besoin ; alors, ajoutait-il, on aurait eu vraiment
une nation maçonnée à chaux et à sable, capable
de défier les siècles et les hommes."

Organisation politique.

Nous avons passé rapidement en revue l'organisation administrative de l'Empire, et fait ressortir
les principaux bienfaits matériels de cette époque.
Jetons maintenant un coup d'œil sur son organisation politique.

En premier lieu, qu'il me soit permis de dire
que je considère comme un malheur la fatale
tendance qu'on a en France de vouloir toujours
copier les institutions des peuples étrangers, pour
les adopter parmi nous. Sous la République on
était Romain ; puis la constitution anglaise a
paru le chef-d'œuvre de la civilisation ; les titres
de *noble pair* et d'*honorable député* ont semblé
plus libéraux que ceux de tribun et de sénateur,
comme si en France, cette patrie de l'honneur,
être *honorable* était un titre et non une qualité.
Enfin plus tard a surgi l'école américaine. Ne
serons-nous donc jamais nous-mêmes ? L'Angleterre, il est vrai, nous a offert pendant longtemps
un beau spectacle de liberté parlementaire. Mais
quel est l'élément de la constitution anglaise,

quelle est la base de l'édifice ? l'aristocratie. Supprimez-la, et en Angleterre vous n'auriez rien d'organisé ; " de même qu'à Rome, a dit Napoléon, si l'on eût ôté la religion, il ne serait rien resté."

Aux États-Unis d'Amérique nous voyons aussi de grandes choses ; mais où trouver un seul rapport entre ce pays et la France ? Les États-Unis ne sont pas encore devenus un monde social ; car l'organisation d'un tel monde suppose la fixité et l'ordre ; la fixité, l'attachement au sol, à la propriété, conditions impossibles à remplir, tant que l'esprit commerçant et la disproportion entre le nombre d'habitants et la grandeur du territoire ne feront regarder la terre que comme une marchandise. L'homme n'a pas encore pris racine en Amérique, il ne s'est pas incorporé à la terre ; les intérêts sont personnels et non territoriaux.[1] En Amérique, le commerce est en première ligne ; ensuite vient l'industrie, et en dernier l'agriculture ; c'est donc l'Europe renversée.

La France, sous beaucoup de rapports, est à la tête de la civilisation : et on semble douter qu'elle puisse se donner des lois qui soient uniquement françaises, c'est-à-dire des lois adaptées

---

[1] Voyez à ce sujet Tocqueville.

à nos besoins, modelées sur notre nature, subordonnées à notre position politique ! Prenons, des pays étrangers, des améliorations qu'une longue expérience a consacrées ; mais gardons dans nos lois la forme, l'instinct et l'esprit français. " La politique, a dit un écrivain,[1] est l'application de l'histoire à la morale des sociétés." On peut en dire autant d'une constitution : il faut que le pacte qui lie les divers membres d'une société puise sa forme dans l'expérience des temps passés, les choses dans l'état présent de cette société, son esprit dans l'avenir. Une constitution doit être faite uniquement pour la nation à laquelle on veut l'adapter. Elle doit être comme un vêtement qui, pour être bien fait, ne doit aller qu'à un seul homme.

Sous le rapport politique, l'Empereur n'a pu organiser la France que provisoirement ; mais toutes ses institutions renfermaient un germe de perfectionnement qu'à la paix il eût développé.

Constatons d'abord une vérité, c'est que lorsque le peuple français proclama Napoléon empereur, la France était tellement fatiguée des désordres et des changements continuels, que tout concourait à investir le chef de l'État du pouvoir le

[1] M. Daunou.

plus absolu. L'Empereur n'eut donc pas besoin de le convoiter, il n'eut au contraire qu'à s'en défendre. Autant autrefois l'opinion publique avait réclamé l'affaiblissement du pouvoir, parce qu'elle le croyait hostile, autant elle se prêtait à le renforcer, depuis qu'elle le voyait tutélaire et réparateur. Il n'eût tenu qu'à Napoléon de n'avoir ni corps législatif ni sénat, tant on était las de ces discussions éternelles, entretenues, comme il le disait lui-même, par une foule de gens qui s'acharnaient à disputer sur les nuances avant d'avoir assuré le triomphe de la couleur.

L'empereur Napoléon ne commit pas la faute de beaucoup d'hommes d'État, de vouloir assujettir la nation à une théorie abstraite, qui devient alors, pour un pays, comme le lit de Procruste; il étudia, au contraire, avec soin le caractère du peuple français, ses besoins, son état présent; et, d'après ces données, il formula un système, qu'il modifia encore suivant les circonstances. " Où en serais-je, disait-il, vis-à-vis de l'Europe entière, avec un gouvernement que je bâtis au milieu des décombres, dont les fondements ne sont pas encore assis, et dont à tout instant je dois combiner les formes avec des circonstances nouvelles qui naissent de la variation même de la

politique extérieure ; si je soumettais quelques-
unes de ces combinaisons à des méthodes absolues
qui n'admettent pas de modifications, et qui ne
sont efficaces que parce qu'elles sont immuables."

L'idée prédominante qui a présidé à tous les
établissements de l'Empereur à l'intérieur est le
désir de fonder un ordre civil.[1]   La France est
entourée de puissants voisins.   Depuis Henri IV
elle est en butte à la jalousie de l'Europe.   Il lui
faut une grande armée permanente, pour maintenir son indépendance.   Cette armée est or-
ganisée, elle a des colonels, des généraux, des ma-
réchaux ; mais le reste de la nation ne l'est pas ;
et à côté de cette hiérarchie militaire, à côté
de ces dignités auxquelles la gloire donne tant
d'éclat, il faut qu'il y ait aussi des dignités civiles qui aient la même prépondérance ; sinon le
gouvernement risquerait toujours de tomber dans
les mains d'un soldat heureux.   Les États-Unis
nous offrent un exemple frappant des inconvénients qu'entraîne la faiblesse de l'autorité civile.

[1] " Je veux constituer en France l'ordre civil.   Il n'y a eu
jusqu'à présent dans le monde que deux pouvoirs, le militaire
et l'ecclésiastique.   Les barbares, qui ont envahi l'empire
romain, n'ont pu former d'établissement solide, parce qu'ils
manquaient à la fois d'un corps de prêtres et d'un ordre civil."
(Paroles de l'Empereur au conseil d'État.)

Quoique dans ce pays il n'y ait aucun des fer-
ments de discorde qui bouillonneront longtemps
encore en Europe, le pouvoir civil central étant
faible, toute organisation indépendante de lui
l'effraye, car elle le menace. Ce n'est pas seulement le pouvoir militaire qu'on redoute, mais le
pouvoir d'argent, la banque : de là, la division
des partis. Le gouverneur de la banque pourrait
avoir plus d'influence que le président ; à plus
forte raison un général vainqueur éclipserait
bientôt le pouvoir civil. Dans les républiques
italiennes, ainsi qu'en Angleterre, l'aristocratie
était l'ordre civil organisé ; mais la France
n'ayant plus heureusement de corps privilégiés,
c'était pour une hiérarchie démocratique qu'on
pouvait se procurer les mêmes avantages sans
froisser les principes d'égalité.

Examinons sous ce point de vue les constitutions de l'Empire.

Les principes sur lesquels reposaient les lois
impériales, sont :

L'égalité civile, d'accord avec le principe démocratique.

La hiérarchie, d'accord avec les principes d'ordre et de stabilité.

Napoléon est le chef suprême de l'État, l'élu

G

du peuple, le représentant de la nation. Dans ses actes publics, l'Empereur se glorifia toujours de ne devoir tout qu'au peuple français. Lorsque, entouré de rois et d'hommages, du pied des Pyrénées, il dispose des trônes et des empires, il réclame avec énergie le titre de premier représentant du peuple qu'on semblait vouloir donner exclusivement au corps législatif.[1]

Le pouvoir impérial seul se transmet par droit d'hérédité. Il n'y a point d'autre emploi héréditaire en France ; tous sont accordés à l'élection ou au mérite.

Il y a deux chambres : le sénat et le corps législatif.

Le sénat, dont le nom est plus populaire que celui de chambre des pairs, est composé des membres proposés par les collèges électoraux : un tiers seul est laissé à la nomination de l'Empereur. Il est présidé par un membre nommé par le chef de l'État ; il veille au maintien de la constitution, il est garant de la liberté individuelle et de la liberté de la presse.[2] Le sénat

---

[1] Voir la note insérée par ordre de l'Empereur dans le *Moniteur* du 19 décembre 1808.

[2] M. Bignon, dans son *Histoire de l'Empire*, s'exprime ainsi :

"Le système établi n'était pas vicieux en lui-même, ni les

étant, après le souverain, le premier pouvoir
de l'État, l'Empereur avait cherché, autant que
les circonstances le permettaient, à lui donner
une grande importance ; car lorsque l'influence
qu'exercent les corps constitués ne suit pas l'ordre de leur hiérarchie politique, c'est une preuve
évidente que la constitution n'est pas en harmonie
avec l'esprit public ; c'est alors une machine dont
les rouages ne fonctionnent pas dans leur ordre
respectif.

Aussi, pour donner de l'influence au sénat,
l'idée de l'Empereur n'est pas d'en faire uniquement une cour de justice, ni un refuge pour tous
les ministres que l'opinion publique a condamnés,
mais au contraire de le composer de toutes les
sommités, et d'en faire le gardien et le garant de
toutes les libertés de la nation.[1]

libertés de la nation entièrement laissées sans garanties. Si ces
garanties deviennent illusoires, si les commissions sénatoriales
de la liberté individuelle et de la liberté de la presse doivent
rester un jour sans efficacité ou même sans action, c'est que la
France parcourt un ordre d'événements dans lequel les questions d'intérêt domestique et de droit privé seront nécessaire-
ment subordonnées aux besoins de la force publique et de la
puissance extérieure."

[1] L'opinion de l'Empereur était qu'une chambre héréditaire
ne pouvait pas s'établir en France, et qu'elle n'aurait aucune
espèce d'influence. Il disait en 1815, à Benjamin Constant,

Pour rendre les sénateurs indépendants, et les attacher au sol des provinces, on établit, dans chaque arrondissement de cour d'appel, une sénatorerie rapportant au sénateur titulaire 20,000 à 25,000 livres de rentes à vie.

Le corps législatif est nommé par les colléges électoraux des départements ; les membres de ce corps sont rétribués pendant les sessions.

Il est essentiel de rappeler ici le mode d'élection introduit par Napoléon. Dans la constitution de

qui était un des plus fervents partisans de la constitution anglaise : " Votre chambre des pairs ne sera bientôt qu'un camp ou une antichambre."

Le président du sénat convoque le sénat sur un ordre du propre mouvement de l'Empereur, sur la demande des commissions sénatoriales de la liberté individuelle et de la liberté de la presse, ou d'un sénateur pour dénonciation d'un décret rendu par le corps législatif, ou d'un officier du sénat pour les affaires intérieures du corps.

Chacune des commissions sénatoriales est composée de sept membres. Toute personne arrêtée et non mise en jugement après dix jours d'arrestation peut s'adresser à cette commission.

Une haute cour impériale est établie pour connaître des crimes contre la sûreté intérieure de l'État, des délits de responsabilité d'office commis par les ministres et conseillers d'état, des abus de pouvoir commis par les agents impériaux civils et militaires, etc.

Le siége de la haute cour est dans le sénat, l'archichancelier de l'Empire la préside ; les formes de procéder sont protectrices ; les débats et les jugements ont lieu en public.

l'an VIII, Siéyès avait inventé un système de notabilités qui enlevait au peuple toute participation
aux élections. Quoique Siéyès, ancien membre de
l'Assemblée constituante, de la Convention et du
Directoire, fût un ami de la liberté, il s'était vu
obligé par les circonstances et pour le maintien
de la République d'en agir ainsi ; car, avant le 18
fructidor, les élections portèrent des royalistes au
corps législatif : cette journée les en chassa. Vint
ensuite le tour des jacobins ; le 20 floréal les écarta ;
aux élections suivantes, ils parurent se maintenir
et se disposèrent à éloigner leurs rivaux. Il n'y
avait donc rien de stable ; c'était chaque année le
triomphe d'un parti, comme le dit Thibaudeau
lui-même.

Mais la marche ferme et nationale du consulat
avait déjà créé une France forte et compacte ; et
le vaisseau de l'État risquait moins d'échouer sur
les deux écueils qui étaient toujours à craindre, la
terreur et l'ancien régime.

Napoléon, créé consul à vie, supprima les listes
de notabilités de Siéyès, établit des assemblées de
canton, composées de tous les citoyens domiciliés
dans le canton. Ces assemblées nommaient les
membres des colléges électoraux d'arrondissement
et de département. Les éligibles aux colléges élec-

toraux devaient être les plus imposés du département; mais on pouvait ajouter aux colléges d'arrondissement dix membres, et aux colléges de
département vingt membres non propriétaires, pris
parmi les membres de la Légion d'honneur ou
parmi les hommes qui avaient rendu des services.
Les colléges présentaient deux candidats aux
places vacantes dans le corps législatif; le collége
de département seul proposait des candidats pour
les places de sénateurs; un des deux candidats
devait être pris hors du collége qui le présentait.

En examinant l'esprit qui dicta ces lois, à une
époque où l'on sortait de violentes dissensions,
et où la guerre était toujours menaçante; alors
même que les amis les plus sincères de la liberté
voyaient la nécessité de restreindre les droits électoraux, on ne peut s'empêcher de reconnaître que
l'intention de l'Empereur était de rétablir l'élection sur les bases les plus larges; et les paroles
suivantes de l'orateur du gouvernement d'alors
confirment cette opinion: "Les colléges électoraux
" rattachent les grandes autorités au peuple et ré-
" ciproquement: ce sont des corps intermédiaires
" entre le pouvoir et le peuple; c'est une classifi-
" cation de citoyens, une organisation de la nation.

" Dans cette classification, il fallait combiner les
" intérêts opposés des propriétaires et des prolé-
" taires, puisque la propriété est la base fonda-
" mentale de toute association politique ; il fallait
" y appeler aussi des non-propriétaires, pour ne pas
" fermer la carrière aux talents et aux génies."

Le conseil d'État était un des premiers rouages
de l'Empire. Composé des hommes les plus distingués, il formait le conseil privé du souverain.
Les hommes qui en faisaient partie, affranchis de
toute gêne, ne visant point à faire de l'effet, et sti-
mulés par la présence du souverain, élaboraient les
lois sans autre préoccupation que les intérêts de la
France. Les orateurs du conseil d'État devaient
porter à l'acceptation des chambres les lois qui
avaient été préparées dans son sein.

L'Empereur créa des auditeurs au conseil
d'État ; leur nombre fut porté à trois cent cinquante ; ils furent divisés en trois classes, et attachés à toutes les administrations. Le conseil
d'État formait ainsi une pépinière d'hommes in-
struits et éclairés, capables de bien administrer
le pays. Familiers à toutes les grandes questions
politiques, ils recevaient du gouvernement des
missions importantes.

Cette institution remplissait une grande lacune ;

car, lorsque dans un pays il y a des écoles pour l'art de jurisconsulte, pour l'art de guérir, pour l'art de la guerre, pour la théologie, etc., n'est-il pas choquant qu'il n'y en ait pas pour l'art de gouverner, qui est certainement le plus difficile de tous, car il embrasse toutes les sciences exactes, politiques et morales ?[1]

"Je ménageais à mon fils une situation des "plus heureuses, disait l'Empereur à Sainte-Hé-"lène. J'élevais précisément pour lui une école "nouvelle, la nombreuse classe des auditeurs au "conseil d'État. Leur éducation finie et leur âge "venu, ils eussent un beau jour relevé tous les "postes de l'Empire ; forts de nos principes et "des exemples de nos devanciers, ils se fussent "trouvés, tous, de douze à quinze ans plus âgés "que mon fils ; ce qui l'eût placé précisément "entre deux générations et tous leurs avantages : "la maturité, l'expérience et la sagesse, au-des-

[1] A défaut d'une tribune effective que le gouvernement constitutionnel eût donnée à la France, jamais chef de royauté n'eut un conseil aussi éclairé, où toutes les questions d'ordre administratif et civil furent discutées avec plus de franchise et d'indépendance. A défaut de cette tribune, qui eût exprimé l'opinion publique, jamais chef de royauté ne devina mieux la véritable opinion ; jamais nul autre n'en démêla mieux les caractères et ne sut si bien profiter, souvent de sa rectitude, quelquefois aussi de ses erreurs. (Thibaudeau.)

"sus ; la jeunesse, la célérité, la prestesse au-
" dessous."

Le conseil du contentieux fut institué comme
tribunal spécial pour le jugement des fonctionnaires publics, pour les appels des conseils de
préfecture, pour les questions relatives à la four-
niture des subsistances, pour violations des lois
de l'État, etc.

Le désir de l'Empereur de relever les corps
politiques se manifeste par la création de la dignité de grand électeur, par les honneurs dont
il environna le président du corps legislatif,[1] par
les exposés détaillés de l'état de l'Empire qu'il
faisait présenter au corps législatif, par l'importance qu'il donnait aux sessions d'ouverture. Se
regardant comme le premier représentant de la
nation, il se croyait dans l'obligation de rendre
compte de ses actes devant les corps constitués.
Aussi l'ouverture du corps législatif ne fut jamais
sous son règne une vaine cérémonie ; il ne venait
pas s'asseoir sur un trône, avec tous les dehors
d'une royauté du seizième siècle, pour répéter
banalement les paroles de ses ministres ; mais, au
contraire, debout devant le corps législatif, il lui
communiquait ses idées sans détour. Ce n'était

[1] Le président du Corps législatif avait une garde d'honneur.

pas la faiblesse qui se cachait sous l'appareil de la force ; c'était au contraire la force qui de son plein gré rendait hommage aux corps constitués.

Au lieu d'influencer les élections, on vit Napoléon recommander souvent aux hommes qui l'entouraient de ne pas se porter candidats au sénat ; il leur disait qu'ils pouvaient parvenir à ce poste par une autre route, qu'il fallait laisser cette satisfaction aux notables des provinces.

Les principes qui dirigeaient l'Empereur dans le choix des fonctionnaires publics étaient bien plus rationnels que ceux d'après lesquels on procède aujourd'hui. Lorsqu'il nomme le chef d'une administration, il ne consulte pas la nuance politique de l'homme, mais sa capacité comme fonctionnaire. C'est ainsi qu'au lieu de rechercher les antécédents politiques des ministres qu'il emploie, il ne leur demande que des connaissances spéciales : Chaptal, chimiste célèbre, est chargé d'ouvrir des routes nouvelles à l'industrie ; le savant Denon est nommé directeur du musée des arts ; Mollien ministre du trésor. Si les finances ont été si prospères sous l'Empire, c'est en grande partie parce que Gaudin, duc de Gaëte, est entré au ministère des finances sous le consulat, et qu'il n'en est sorti qu'en 1814.

Afin que la route fût ouverte à toutes les améliorations, la cour de cassation était chargée de faire pour les lois ce que l'Institut accomplissait pour les sciences. Tous les ans elle devait présenter un compte rendu des améliorations dont les diverses parties de la législation étaient susceptibles, et faire connaître les vices et les défauts que l'expérience avait constatés.

On doit aussi remarquer dans les institutions de l'Empire un mouvement continuel, qui de la circonférence agit sur le centre, et du centre réagit vers la circonférence, semblable au sang qui, dans le corps humain, afflue vers le cœur, et qui du cœur reflue vers les extrémités. D'un côté on voit le peuple participant par l'élection à tous les emplois politiques ; d'un autre, les corps politiques présidés par des hommes qui tiennent au pouvoir. Les grands dignitaires de l'Empire présidaient les colléges électoraux des plus grandes villes ; les autres grands officiers ou les membres de la Légion d'honneur présidaient les autres colléges.[1]

Les conseillers d'État en service extraordinaire

---

[1] Chaque collége électoral terminait sa session par le vote d'une adresse à l'Empereur, qui lui était présentée par une députation.

étaient envoyés dans les départements pour sur-
veiller l'administration ; ils transmettaient les
projets du gouvernement, et recevaient les plaintes
et les vœux des populations. Les sénateurs,
qui jouissaient des bénéfices des sénatoreries,
étaient tenus à une résidence de trois mois par
an dans leur arrondissement, afin d'y apporter
l'opinion du centre, et de rapporter à Paris l'opinion de l'arrondissement.

La création de la Légion d'honneur, qui divi-
sait le territoire français en seize arrondissements
avec désignation du chef-lieu, était, suivant les
expressions du rapporteur de la loi, une institution politique qui plaçait dans la société des intermédiaires par lesquels les actes du pouvoir
étaient traduits à l'opinion avec fidélité et bienveillance, et par lesquels l'opinion pouvait re-
monter jusqu'au pouvoir.

On sait tout le bien que produisit l'introduction du Code Napoléon ; il avait mis plusieurs
parties de la législation en harmonie avec les
principes de la révolution, et il avait considérablement diminué les procès en mettant une foule
de causes à la portée de chacun. Mais ce code ne
répondait pas encore à tous les désirs de l'Empereur ; il projetait un code universel, afin qu'il

n'y eût plus d'autres lois que celles inscrites dans ce seul code, et qu'on pût proclamer, une fois pour toutes, nul et non avenu tout ce qui n'y serait pas compris : " Car, ajoutait-il, avec quel-
" ques vieux édits de Chilpéric ou de Pharamond,
" déterrés au besoin, il n'y a personne qui puisse
" se dire à l'abri d'être dûment et légalement
" pendu."

Pour résumer le système impérial, on peut dire que la base en est démocratique, puisque tous les pouvoirs viennent du peuple ; tandis que l'orga-nisation est hiérarchique, puisqu'il y a dans la société des degrés différents pour stimuler toutes les capacités.

Le concours est ouvert à 40 millions d'âmes ; le mérite seul les distingue ; les différents degrés de l'échelle sociale les récompensent.

Ainsi, politiquement : assemblées de canton, collèges électoraux, corps législatif, conseil d'État, sénat, grands dignitaires.

Pour l'armée, tout homme est soldat, tout soldat peut devenir un officier : colonel, général, maréchal.

Pour la Légion d'honneur, tous les mérites y ont le même droit : services civils, militaires, ni-dustriels, ecclésiastiques, scientifiques ; tous peuvent obtenir les grades de légionnaires, officiers, commandants, grands officiers, grands aigles.

L'instruction publique a ses écoles primaires, ses écoles secondaires, ses lycées, et l'Institut comme tête de tout l'édifice.

La justice a ses tribunaux de première instance, ses cours impériales, sa cour de cassation.

Enfin l'administration a ses maires, ses adjoints, ses sous-préfets, ses préfets, ses ministres, ses conseillers d'État.

Napoléon était donc en quelque sorte le foyer autour duquel venaient se grouper toutes les forces nationales. Il avait divisé la France administrativement par les arrondissements communaux et les préfectures ; politiquement par les colléges électoraux et les sénatoreries ; militairement par les divisions militaires ; judiciairement par les cours impériales ; religieusement par les évêchés ; philosophiquement par les lycées ; moralement par les arrondissements de la Legion d'honneur.

Le corps politique, comme le corps enseignant, comme le corps administratif, avait ses pieds dans les communes et sa tête dans le sénat.

Le gouvernement de l'Empereur était donc, pour nous servir d'une comparaison, un colosse pyramidal à base large et à tête haute.

Après avoir parcouru la période de 1800 à 1814, si l'on porte ses regards sur l'époque actuelle, on voit que la plupart des institutions fondées par l'Empereur existent encore, et qu'elles ont à elles seules maintenu l'administration. Quoique privée de la force motrice, la France obéit depuis vingt-quatre ans à l'impulsion que Napoléon lui avait imprimée. Mais il ne faut pas juger de l'Empire par les fausses imitations que nous avons vues; on a copié les choses, comme si l'on avait toujours ignoré l'esprit qui avait présidé à leur création. On doit à deux causes tous les prodiges que l'on vit éclore sous l'Empire malgré les guerres : l'une tient au génie de l'homme, l'autre au système qu'il avait établi. Sous l'Empire, toutes les intelligences, toutes les capacités de la France étaient appelées à concourir à un seul but, la prospérité du pays. Depuis, au contraire, toutes les intelligences n'ont été occupées qu'à lutter entre elles, qu'à discuter sur la route à suivre, au lieu d'avancer. La discipline politique s'est rompue, et au lieu de marcher droit à un but en colonne serrée, chacun a improvisé un ordre de marche particulier et s'est séparé du corps d'armée.

On a dit que l'Empereur était un despote. Sa

puissance avait, il est vrai, toute la force nécessaire pour créer ; elle était en proportion de la
confiance que le peuple avait en lui. " Avec Napoléon, dit le général Foy, qu'on ne peut, certes,
accuser de partialité, on ne connaissait ni les vexa-
tions des subalternes, ni l'intolérance des castes,
ni l'intolérable domination des partis. La loi était
forte, souvent dure, mais égale pour tous."[1]

Napoléon était despote, a-t-on dit ; et cependant il ne prononçait jamais de destitutions sans
une enquête, sans un rapport préalable, et rarement même sans avoir entendu le fonctionnaire
inculpé. Jamais pour les questions civiles ou ad-
ministratives, Napoléon ne prit de parti sans une
discussion préalable sur les questions qu'il s'agissait de régler.[2] Jamais souverain ne demanda
autant de conseils que l'Empereur, car il ne cher-
chait qu'une chose, la vérité. Pouvait-il être despote par système, celui qui, par ses codes et son
organisation, tendit sans cesse à remplacer l'arbitraire par la loi ? Nous le voyons en 1810 empêcher l'expropriation pour cause d'utilité publique
sans jugement préalable,[3] et établir le conseil du

---

[1] Guerre de la Péninsule, tome I, page 18.
[2] Bignon, tome V, page 178.
[3] Je veux que l'utilité publique soit constatée par un sénatus-

contentieux, pour régler l'emploi de cette portion d'arbitraire nécessaire à l'administration de l'État. Il disait à cette occasion : " Je veux qu'on gou- " verne l'État par des moyens légaux, et qu'on " légalise par l'intervention d'un corps constitué " ce qu'on peut être obligé de faire hors de la " loi."

Nous le voyons encore en 1810 manifester son mécontentement de ce qu'on n'ait pas fait de loi sur la presse,[1] et, ce qu'il est surtout utile de re- marquer, c'est que l'Empereur prononçait souvent ces paroles mémorables : " Je ne veux pas que ce " pouvoir reste à mes successeurs, parce qu'ils " pourraient en abuser."

Lorsqu'on lit l'histoire, on est étonné de la sé- vérité des jugements portés par les Français sur

consulte, une loi ou un décret délibéré en conseil d'État ; en- suite que les contestations qui surviendraient soient jugées par les tribunaux. J'avoue que je ne m'accoutume pas à voir l'arbi- traire se glisser partout, et un si vaste État avoir des magistrats sans qu'on puisse leur adresser des plaintes. (Paroles de l'Em- pereur au conseil d'État.)

[1] La presse, qu'on prétend libre, est dans l'esclavage le plus absolu ; la police cartonne, supprime, comme elle veut, les ou- vrages ; et même ce n'est pas le ministre qui juge, il est obligé de s'en rapporter à ses bureaux. Rien de plus irrégulier, de plus arbitraire que ce régime. (Paroles de l'Empereur au con- seil d'État.)

leur propre gouvernement, et de leur indulgence pour les gouvernements étrangers. Voici, par exemple, le jugement que Carrel portait sur l'administration de Cromwell ; et, certes, le protecteur anglais était bien au-dessous du héros français : " Il fut heureux pour l'Angleterre qu'un tel homme " (Cromwell) prît sur lui la responsabilité d'une " violence inévitable, parce que l'ordre vint de " l'usurpation au lieu de l'anarchie, et que l'ordre " est nécessaire. Partout, et dans tous les temps, " ce sont les besoins qui ont fait les conventions, " appelées principes, et toujours les principes se " sont tus devant les besoins. Il fallait ici de la " sécurité, du repos, une grandeur qui imposât " aux ennemis extérieurs de la révolution et aux " intérêts commerciaux, ennemis de ceux de l'An- " gleterre. Il fallait une administration qui com- " prît tous les partis et n'appartînt à aucun, qui " fût instruite de toutes les idées de ce temps, et " n'en professât exclusivement aucune ; qui se " servît de l'armée et ne se mît point à sa suite. " Cromwell eut raison contre les royalistes, parce " qu'ils étaient ennemis du pays ; contre les pres- " bytériens, parce qu'ils étaient intolérants et ne " comprenaient pas la révolution ; contre les ni- " veleurs, parce qu'ils demandaient l'impossible ;

" enfin, contre les républicains exaltés, parce qu'ils
" ne comprenaient pas l'opinion générale."[1]

Ces paroles ne sont-elles pas l'explication fidèle
du règne de l'Empereur ? Et cependant on entend
parfois encore des voix françaises proférer des accusations injustes, et répéter, par exemple, que le
gouvernement de Napoléon fut le gouvernement
du sabre ! Si cette opinion avait pu devenir générale, ce serait le cas de répéter avec Montesquieu :
" Malheur à la réputation de tout prince qui est
" opprimé par un parti qui devient le dominant,
" ou qui a tenté de détruire un préjugé qui lui
" survit !"

Jamais, en effet, pouvoir à l'intérieur ne fut
moins militaire que celui de l'Empereur. Dans
tous ses actes, on voit percer cette tendance à
donner à l'ordre civil la prééminence sur l'ordre
militaire. Sous le régime impérial, aucun poste
de l'administration civile ne fut occupé par des militaires. Celui qui créa les dignités civiles pour les
opposer aux dignités de l'armée ; qui, par l'institution de la Légion d'honneur, voulut récompenser
de la même manière les services du citoyen et les
services du soldat ; qui, dès son avénement au pou-

---

[1] *Histoire de la contre-révolution en Angleterre*, Introduc-
ion, page 60.

voir, s'occupa du sort des employés civils ;[1] qui donna toujours la préséance à ces derniers ;[2] qui, à l'intérieur, et même dans les pays conquis, voyait des conseillers d'État revêtus d'une autorité administrative supérieure à celles des généraux : tel est l'homme que l'esprit de parti a voulu nous peindre comme le partisan du régime militaire ![3]

On s'est plaint de ce que l'uniforme et la discipline militaire étaient introduits dans les lycées. Mais est-ce un mal de propager dans la nation l'esprit militaire, cet esprit qui éveille les plus nobles passions, l'honneur, le désintéressement, l'amour de la patrie, et qui donne des habitudes

[1] Lorsque Napoléon vint au pouvoir, les pensions militaires étaient déjà réglées par des lois ; mais il n'y avait pas moyen de donner une pension civile. Comme il n'y avait point d'avenir pour les fonctionnaires, ils abusaient de leurs places. Le Directoire, ne pouvant pas accorder de pensions, donnait des intérêts dans les affaires, chose immorale. (Thibaudeau, tome III, page 179.)

[2] Lois sur les Préséances, 13 juillet 1804.

[3] M. Thibaudeau, dans son *Histoire sous le Consulat*, en rapportant ce que l'Empereur disait au conseil d'État, qu'il n'y avait pas d'homme plus civil que lui, ajoute : " Si le militaire " avait de l'importance et de la considération, son autorité était " rigoureusement circonscrite dans ses attributions naturelles ; " ses moindres écarts étaient de suite sévèrement réprimés. Le " premier consul soutenait les tribunaux et les préfets contre " les généraux ; le citoyen n'était soumis qu'à l'autorité civile.

d'ordre, de régularité et de soumission ? L'esprit militaire n'est dangereux qu'autant qu'il est l'apanage exclusif d'une caste.[1]

Quant à l'uniforme militaire, l'Empereur le fit adopter dans les lycées et les écoles spéciales, dans un but d'égalité. Un jour qu'il visitait le prytanée de Saint-Cyr, il fut choqué de la différence qui existait dans l'habillement des élèves ; les uns avaient un costume recherché, les vêtements des autres étaient en lambeaux. L'Empereur déclara qu'il ne voulait pas de distinction parmi les élèves ; que l'égalité devait être le premier élément de l'éducation ; et il fit donner à tous le même uniforme.

"Dire le contraire, c'est nier l'évidence." (Tome II, page 213.)

Un général, eût-il été chargé de témoignages de la faveur du souverain, n'aurait pu faire arrêter un coupable obscur. Dans le conflit assez fréquent entre l'autorité militaire et l'autorité civile, on donnait presque toujours raison à la dernière. (Ibid., tome I, page 82.)

En 1806, Junot, gouverneur de Paris, fut accusé d'un délit de chasse. Il méconnaissait l'autorité des tribunaux. Il fut obligé de transiger pour empêcher une exécution. (Thibaudeau, tome V, page 318.)

[1] A l'exception du maniement des armes et de l'exercice de peloton, pour lesquels on se trouvait à la portée de la force des élèves, il n'y avait, dans tous leurs mouvements, dans leurs études, leurs repas, leurs récréations, d'autre différence que celle du tambour à la cloche. Entre ces deux instruments,

Enfin c'était un étrange gouvernement militaire que celui où la tranquillité dans le vaste empire se maintenait sans un soldat, tandis que le
chef de l'État et l'armée étaient à huit cents
lieues de la capitale.[1] Aussi l'aigle impériale,
que tant de lauriers ont illustrée, n'a jamais été
souillée du sang français répandu par des troupes
françaises. Il y a peu de gouvernements qui puissent en dire autant de leur drapeau !

L'éloge de l'Empereur est dans les faits ; il suffit de feuilleter le *Moniteur*. Sa gloire est comme

---

nous donnons sans hésiter la préférence au tambour. La cloche
rappelle des idées d'humilité, d'abnégation ; le tambour, celles
de gloire et d'honneur. Sous le régime de la cloche on fouet-
tait les élèves ; les punitions corporelles étaient interdites sous
celui du tambour. Les lycéens observaient une discipline,
avaient une tenue soignée et une attitude mâle que les écoliers
de la plupart des collèges n'eurent jamais. On leur inspirait,
dit-on, le goût des armes. Tous les jeunes gens n'étaient-ils
pas soumis à la loi de la conscription ? (Thibaudeau.)

[1] Aucunes troupes n'étaient nécessaires même dans les pays
réunis. Le Piémont, la Toscane, Gênes, n'avaient pas quinze
cents hommes de troupes. Dans le temps que l'Empereur
était à Vienne, il n'y avait que 1,200 hommes de garnison à
Paris. L'Empereur se promenait au milieu de la foule qui
couvrait le Carrousel, ou dans le parc de Saint-Cloud, dans une
calèche à quatre chevaux, au pas, avec l'Impératrice et un seul
page, au milieu de 150,000 spectateurs environnant sa voiture.
Les contemporains l'ont vu. (Thibaudeau, t. VIII, page 176.)

le soleil ; aveugle qui ne la voit pas. Des détracteurs obscurs ne changeront pas l'influence irrécusable d'actes patents ; quelques gouttes d'encre répandues dans la mer ne sauraient altérer la couleur de ses eaux. Cependant, comme il y a des esprits vulgaires qui ne peuvent comprendre ce qui est grand, et que, dans les époques de transition, l'esprit de parti défigure les grands traits historiques, il n'est pas inutile de rappeler aux masses, qui ont tant d'admiration pour l'Empereur, que leur vénération n'est pas basée sur l'éclat trompeur d'une vaine gloire, mais sur l'appréciation exacte d'actions qui avaient pour but le bien-être de l'humanité.

Et si, dans le séjour céleste où repose maintenant en paix sa grande âme, Napoléon pouvait encore se soucier des agitations et des jugements qui se heurtent ici-bas, son ombre irritée n'aurait-elle pas le droit de répondre à ses accusateurs : "Tout ce que j'ai fait pour la prospérité "intérieure de la France, je n'ai eu pour l'ac-"complir que l'intervalle des batailles. Mais "vous, qui me blâmez, qu'avez-vous fait pendant "vingt-quatre ans d'une paix profonde ?"

Avez-vous apaisé les discordes, réuni les partis autour de l'autel de la patrie ? Avez-vous acquis

aux différents pouvoirs de l'État la prépondérance morale que la loi leur concède, et qui est
un gage de stabilité ?

Avez-vous donné à votre chambre des pairs
l'organisation démocratique de mon sénat ?

Avez-vous conservé au conseil d'État sa salutaire influence et son bienfaisant emploi ?

Avez-vous conservé à l'institution de la Légion
d'honneur la pureté et le prestige de sa première
organisation ?

Avez-vous donné à votre système électoral la
base democratique de mes assemblées de canton?

Avez-vous facilité l'accès à la chambre repré-
sentative, en assurant une rétribution aux députés ?

Avez-vous, comme moi, récompensé tous les
mérites, réprimé la corruption et introduit dans
l'administration cette morale sévère et pure qui
rend l'autorité respectable ?

Avez-vous fait servir l'influence du pouvoir à
l'amélioration des mœurs ? Les crimes, au lieu
de diminuer, n'ont-ils pas suivi une progression
croissante ?

Avez-vous assuré la propriété en terminant
l'opération du cadastre ?

Avez-vous, comme moi, fait jaillir du sol cent
nouvelles industries ?

Avez-vous achevé, pendant une longue paix, la moitié des travaux que j'avais commencés pendant de cruelles guerres ?

Avez-vous ouvert de nouveaux débouchés au commerce ?

Avez-vous amélioré le sort des classes pauvres ?

Avez-vous employé tous les revenus de la France dans le seul but de sa prospérité ?

Avez-vous rétabli la loi du divorce, qui garantissait la moralité des familles ?

Avez-vous organisé la garde nationale de telle sorte qu'elle soit une barrière invincible contre l'invasion ?

Avez-vous contenu le clergé dans ses attributions religieuses, loin du pouvoir politique ?

Avez-vous conservé à l'armée cette considération et cette popularité qu'elle avait acquises à si juste titre ?   La noble mission du soldat, n'avez-vous pas cherché à l'avilir ?

Avez-vous rendu à nos débris de Waterloo le peu de pain qui leur revenait comme prix du sang qu'ils ont versé pour la France ?

Le drapeau tricolore, le nom de Français, ont-ils conservé ce prestige et cette influence qui les faisaient respecter de tout l'univers ?

Avez-vous assuré à la France des alliés sur lesquels elle puisse compter au jour du danger ?

Avez-vous diminué les charges du peuple ? Vos impôts ne sont-ils pas, au contraire, plus élevés que mes impôts de guerre ?

Enfin, avez-vous affaibli cette centralisation administrative que je n'avais établie que pour organiser l'intérieur, et pour résister à l'étranger ?

Non ; vous avez gardé de mon règne tout ce qui n'était que transitoire, qu'obligations momentanées, et vous avez rejeté tous les avantages qui en palliaient les défauts !

Les bienfaits de la paix, vous n'avez pu les obtenir ; et tous les inconvénients de la guerre, vous les avez conservés, sans ses immenses compensations, l'honneur et la gloire de la patrie !

CHAPITRE IV.

QUESTION ÉTRANGÈRE.

Politique napoléonienne.—Les différents projets de l'Empereur.—Bienfaits apportés aux peuples.—Italie, Suisse, Allemagne, Westphalie, Pologne.—Ses vues sur l'Espagne.

Il y a trois manières d'envisager les rapports de la France avec les gouvernements étrangers. Elles se formulent dans les trois systèmes suivants :

Il y a une politique aveugle et passionnée, qui voudrait jeter le gant à l'Europe et détrôner tous les rois.

Il y en a une autre qui lui est entièrement opposée, et qui consiste à maintenir la paix, en achetant l'amitié des souverains aux dépens de l'honneur et des intérêts du pays.

Enfin, il y a une troisième politique, qui offre franchement l'alliance de la France à tous les gouvernements qui veulent marcher avec elle dans des intérêts communs.

Avec la première, il ne peut y avoir ni paix ni
trêve ; avec la seconde, il n'y a pas de guerre,
mais aussi point d'indépendance ; avec la troisième, pas de paix sans honneur, pas de guerre
universelle.

Le troisième système est la politique napoléonienne ; c'est celle que l'Empereur a mise en
pratique durant toute sa carrière. Si Napoléon
a succombé malgré elle, sa chute tient à des causes que nous expliquerons plus tard ; mais, ce
qui est bien certain, c'est que, sans cette politique
il n'eût jamais triomphé des attaques de l'Europe.
" Rome, dit Montesquieu, s'est agrandie, parce
" qu'elle n'avait eu que des guerres successives,
" chaque nation, par un bonheur inconcevable, ne
" l'attaquant que quand l'autre avait été ruinée."

Ce que le hasard et la fortune firent pour
l'agrandissement de Rome, Napoléon l'obtint en
faveur de la France par sa politique.

Dès 1796, lorsque, avec 30,000 hommes, il
fait la conquête de l'Italie, il est non-seulement
grand général, mais profond politique. Le Directoire, dans son ignorance des choses, envoie
au général Bonaparte l'ordre de détrôner le roi
de Sardaigne et de marcher sur Rome, laissant
sur ses derrières 80,000 Autrichiens qui débou-

chaient du Tyrol. Napoléon s'affranchit d'instructions aussi mal calculées. Il conclut une alliance offensive et défensive avec le roi de Piémont, fait un traité avec le pape, et bat les Autrichiens ; le fruit de cette conduite est la paix de Campo-Formio. Enfin, quelques années se sont à peine écoulées, que Napoléon, naguère chef d'un État qui était en guerre avec toute l'Europe, réunit sous le drapeau tricolore, pour marcher sur Moscou, des Prussiens, des Hanovriens, des Hollandais, des Saxons, des Westphaliens, des Polonais, des Autrichiens, des Wurtembergeois, des Bavarois, des Suisses, des Lombards, des Toscans, des Napolitains, etc. etc.

C'est par l'agglomération de tous ces peuples réunis sous ses ordres qu'on peut juger de l'habileté de la politique de l'Empereur. S'il n'a pas réussi à Moscou, ce n'est pas que ses combinaisons aient été mal prises : il a fallu que la fatalité et les éléments se liguassent contre lui. C'est que les risques dans une aussi grande entreprise sont en proportion des résultats qu'on veut obtenir.

Dès que Napoléon eut la puissance en main, il dut évidemment avoir un but général à atteindre ; mais, suivant la marche des événements, ses vues se sont modifiées, son but s'est agrandi ou rétréci. "Je n'avais pas la folie, disait-il, de "vouloir tordre les événements à mon système; "mais, au contraire, je pliais mon système sur la "contexture des événements."

Assurer l'indépendance de la France, établir une paix européenne solide, tel est le but auquel il fut si près de parvenir, malgré la complication des événements et le conflit continuel d'intérêts opposés. Plus les secrets diplomatiques se devoileront, plus on se convaincra de cette vérité, que Napoléon fut conduit pas à pas, par la force des choses, à cette puissance gigantesque qui fut créée par la guerre, et que la guerre détruisit. Il ne fut pas agresseur; au contraire, il fut sans cesse obligé de repousser les coalitions de l'Europe. Si parfois il a l'air de devancer les projets de ses ennemis, c'est que dans l'initiative est la garantie du succès. "Et d'ailleurs, comme l'a dit Mignet,[1] le véritable auteur de la guerre n'est pas celui qui la déclare, mais celui qui la rend nécessaire."

Parcourons rapidement ce grande drame qui a commencé à Arcole et qui a fini à Waterloo; et nous verrons que Napoléon apparaît comme un

---

[1] *Histoire de la Révolution.*

de ces êtres extraordinaires que crée la Providence pour être l'instrument majestueux de ses impénétrables desseins, et dont la mission est tellement tracée d'avance, qu'une force invincible semble les obliger de l'accomplir.

Après avoir fait la conquête de l'Italie et avoir porté le flambeau de la civilisation au pied des Pyramides, là où en fut le berceau, il revient en Europe, et par la bataille de Marengo, obtient la paix dont la France a un si grand besoin. Mais cette paix est de trop courte durée ; l'Angleterre veut la guerre. Il semble que les deux peuples les plus civilisés soient forcés par la Providence à éclairer le monde, l'un en excitant les nations contre la France, l'autre en les conquérant pour les régénérer. Un moment ces deux colosses se regardent face à face ; il n'y a qu'un détroit à franchir ; ils vont lutter corps à corps. Mais tel n'est pas l'arrêt du sort. Le génie civilisateur du siècle doit marcher vers l'Est. Peuples de l'Illyrie, de la Carinthie, peuples du Danube et de la Sprée, de l'Elbe et de la Vistule, vous le verrez, vous suivrez ses lois ; vainqueur, vous l'adorerez ; vous le haïrez ensuite, pour, après sa disparition, le regretter et le bénir !

Chaque coalition qui se forme augmente la

prépondérance de la France ; car le dieu des batailles est avec nous, et la puissance de Napoléon
s'accroît en raison de la haine de ses ennemis.
Nos alliés profitent de nos conquêtes. En 1805,
la France a comme alliés la Prusse, les petits États
de l'Allemagne, l'Italie et l'Espagne ; Ulm et Aus-
terlitz donnent le Hanovre à la Prusse, Venise à
l'Italie, le Tyrol à la Bavière. La Prusse se détache
de l'alliance française ; Napoléon est obligé de
la dompter à Iéna.[1]   Le royaume de Westphalie
naît du démembrement de la Prusse et des victoires d'Eylau et de Friedland. Un avenir de
paix se fait entrevoir à Tilsit. Les deux plus
puissants monarques du monde, représentant 80
millions d'hommes et la civilisation de l'Occident
et de l'Orient, se rencontrent sur un fleuve qui
sépare de bien grands intérêts. L'entrevue
d'Alexandre et de Napoléon sur le Niémen fut
alors pour l'Europe comme l'union des deux pôles

---

[1] On se demandera un jour pourquoi, dans les six dernières
années de son règne, Napoléon s'est montré sans pitié pour la
Prusse ; c'est que la Prusse aura été la puissance qui lui aura
fait le plus de mal, en le forçant à la combattre, à la détruire ;
elle qu'il eût voulu étendre, fortifier, agrandir, pour assurer,
par son concours, l'immobilité de la Russie et de l'Autriche,
pour donner au système continental un développement incon-
testé, et par là forcer l'Angleterre à la paix. (Bignon.)

voltaïques, qui, par la différence de leur nature, produisent la lumière électrique en se rencontrant, Comment ne pas croire en effet à un avenir brillant de prospérité, lorsque ces deux grands monarques sont d'accord pour le repos du monde ? Napoléon, en 1808, se trouve à Erfurth, au milieu d'un congrès de rois maîtrisés ou convaincus ; mais l'Angleterre, elle, n'est ni maîtrisée ni convaincue ; elle a des flottes qui couvrent toutes les côtes, et de l'or qui fait pencher la balance des traités. 1809 voit une nouvelle coalition ; elle se termine par Eckmühl et Wagram. L'aigle française plane à Brême, Lubeck et Hambourg. La Bavière obtient le pays de Salzbourg. L'Illyrie aussi fait partie du grand empire.

Les vues de l'Empereur se sont agrandies en proportion du terrain de ses exploits ; les événements l'ont mis à même de vouloir la régénération de l'Europe. La plus grande difficulté pour Napoléon n'a pas été de vaincre, mais de disposer de ses conquêtes. Comme souverain de la France, il doit en user dans un intérêt français : comme grand homme, dans un intérêt européen. C'est-à-dire qu'il faut que l'emploi de ses conquêtes satisfasse l'intérêt momentané de la guerre, tout en lui fournissant les moyens de fonder un système de paix générale. Les provinces qu'il incorpore à la France ne sont donc qu'autant de moyens d'échange,[1] qu'il tient en réserve jusqu'à une pacification définitive. Mais comme ces incorporations font supposer une volonté d'établir une monarchie universelle, il fonde des royaumes qui ont une apparence d'indépendance, et il élève ses frères sur des trônes, pour qu'ils soient dans les divers pays les piliers d'un nouvel édifice, et qu'ils concilient avec les chances d'un établissement transitoire l'apparence de la stabilité. Eux seuls, en effet, pouvaient, quoique rois, être soumis à sa volonté, et se résoudre, suivant les décrets de sa politique, à quitter un trône pour redevenir princes français ; ils alliaient l'indépendance apparente de la royauté avec la dépendance de famille. Aussi a-t-on vu l'Empereur changer, suivant les evénéments, les gouvernements de la Hollande, de Naples, de la Lombardie, de l'Espagne et du grand duché de Berg.

Ce fut une fatalité pour Napoléon que d'être obligé de créer tant de nouveaux royaumes ; c'est

[1] " L'Illyrie est une sentinelle avancée aux portes de Vienne ; je la rendrai plus tard pour la Gallicie." (Paroles de Napoléon.) Il disait à une députation de Berlin en 1807 : " Je n'ai pas voulu la guerre : j'ai assez du Rhin."

donc à tort qu'on a avancé qu'il aurait dû, dans son intérêt, détrôner les souverains de Prusse et d'Autriche, lorsqu'il occupait leurs capitales. L'Empereur n'eût fait par là qu'augmenter ses embarras, et se créer plus d'ennemis ; car ces souverains étaient aimés de leurs peuples ; et d'ailleurs qui mettre à leur place ? On n'aime pas plus au delà du Rhin les gouvernements imposés par nous que nous n'aimons ceux que les étrangers nous imposent. Qu'on se rappelle qu'en 1808 Napoléon crut nécessaire de changer la dynastie d'une grande nation. Cette dynastie était tellement dégénérée qu'elle applaudit elle-même à sa chute ! Le pays dont elle remettait le sort entre les mains de l'Empereur était celui pour la régénération duquel l'influence française était le plus nécessaire. Et cependant toute l'Espagne se leva pour réclamer le monarque que l'étranger lui enlevait !

L'Empereur concilia donc autant que cela fut possible les intérêts momentanés, les exigences transitoires avec son grand but du remaniement de l'Europe, basé sur les intérêts de tous. Mais le sort sembla toujours l'obliger à de nouvelles guerres ; et comme il ne suffisait pas que Napoléon eût affranchi des entraves des siècles passés,

l'Italie, la Suisse, l'Allemagne, il faut encore qu'il
conduise ses armées sous le ciel brûlant de l'An-
dalousie, et dans les neiges de la Russie, et que,
semblables à celles de César, ses légions, même
en mourant, laissent, comme traces de leurs pas-
sages, les germes d'une nouvelle civilisation. En
1812, la lutte redevient plus terrible. Pour que
la paix universelle puisse s'établir et se consolider, il faut que Angleterre à l'occident, et la
Russie à l'est, soient persuadés par la raison ou
domptées par la victoire. Les grands desseins
de l'Empereur vont s'accomplir ; l'occident de
l'Europe marche sur Moscou. Mais, hélas ! un
hiver a tout changé !!... L'Europe napoléonienne
ne peut plus exister. Qu'à la grandeur des revers on juge du résultat gigantesque du succès !... Il ne s'agit plus pour le grand homme
de combiner et de fonder, il faut qu'il défende et
qu'il protége la France et ses alliés. Le champ
de bataille est porté de la Bérésina aux buttes
de Montmartre. La paix ! la paix ! s'écrient
des lâches qui s'étaient tus jusqu'alors. Mais
l'âme de l'Empereur est inaccessible aux conseils
pusillanimes ; quoique son corps saigne de
toutes parts, plutôt la mort, s'écrie-t-il, qu'une
paix honteuse ! plutôt la mort que d'être em-

pereur d'une France plus petite que je ne l'ai
reçue !

Un éclair luit encore !... mais bientôt survient
Waterloo !... Ici toute voix française s'arrête et
ne trouve plus que des larmes ! des larmes pour
pleurer avec les vaincus, des larmes pour pleurer
avec les vainqueurs, qui regretteront tôt ou tard
d'avoir renversé le seul homme qui s'était fait
médiateur entre deux siècles ennemis !

Toutes nos guerres sont venues de l'Angleterre.
Elle n'a jamais voulu entendre aucune proposition de paix. Croyait-elle donc que l'Empereur
voulait sa ruine ? Il n'eut jamais une semblable
pensée. Il ne fit qu'agir de représailles. L'Empereur estimait le peuple anglais, et il aurait fait
tous les sacrifices pour obtenir la paix, tous,
excepté ceux qui eussent compromis son honneur. En 1800, le premier consul écrivait au
roi d'Angleterre : "La guerre qui, depuis huit
"ans, ravage les quatre parties du monde, doit-
"elle être éternelle ? N'y a-t-il donc aucun
"moyen de s'entendre ? Comment les deux na-
"tions les plus éclairées de l'Europe, puissantes
"et fortes plus que ne l'exigent leur sûreté et
"leur indépendance, peuvent-elles sacrifier à des
"idées de vaine grandeur le bien du commerce,

" la prospérité intérieure, le bonheur des familles ?
" Comment ne sentent-elles pas que la paix est
" le premier des besoins comme la première des
" gloires ?"

En 1805, l'Empereur adresse au même souverain les paroles suivantes : " Le monde est assez
" grand pour que nos deux nations puissent y
" vivre, et la raison a assez de puissance pour
" qu'on trouve les moyens de tout concilier, si
" de part et d'autre on en a la volonté. La paix
" est le vœu de mon cœur; mais la guerre n'a
" jamais été contraire à ma gloire. Je conjure
" Votre Majesté de ne pas se refuser au bonheur
" de donner elle-même la paix."

En 1808, à Erfurth, Napoléon se joint à Alexandre pour amener le cabinet britannique à des
idées de conciliation.

Enfin, en 1812, lorsque l'Empereur était à l'a-
pogée de sa puissance, il fait encore les mêmes
propositions à l'Angleterre. Toujours il a de-
mandé la paix après une victoire. Jamais il n'y
a consenti après une défaite. " Une nation, disait-
" il, retrouve des hommes plus aisément qu'elle
" ne retrouve son honneur."

Il serait trop pénible de penser que la guerre

n'a été entretenue que par des passions haineuses
ou des intérêts de partis. Si une lutte aussi
acharnée s'est perpétuée longtemps, c'est sans
doute parce que les deux peuples se connaissaient
trop peu, et que chaque gouvernement s'abusait
réciproquement sur l'état de son voisin. L'Angleterre ne voyait peut-être dans Napoléon qu'un
despote qui opprime son pays, et qui épuise toutes
ses ressources pour satisfaire son ambition guer-
rière ; elle ne savait pas reconnaître que l'Empereur était l'élu du peuple, dont il représentait
tous les intérêts matériels et moraux, pour lesquels la France avait combattu depuis 1789. On
pourrait de même avancer que le gouvernement
français, confondant l'aristocratie éclairée de
l'Angleterre avec l'aristocratie féodale qui pesait
sur la France avant la révolution, croyait avoir
affaire à un gouvernement oppresseur. Mais
l'aristocratie anglaise est comme le Briarée de la
fable : elle tient au peuple par cent mille racines ;
elle a obtenu de lui autant de sacrifices que Napoléon a obtenu d'efforts de la nation française.
Et, ce qui est digne de remarque dans la lutte de
ces deux pays, c'est que la rivalité de l'Angleterre
mit un instant Napoléon en mesure de réaliser
contre cette puissance un projet européen sem-

blable à celui que Henri IV eût accompli contre l'Espagne, de concert avec Élisabeth, si le fer d'un assassin n'eût ravi ce grand monarque à la France et à l'Europe.

Nous reviendrons, dans un autre chapitre, sur la moralité du but que se proposait l'Empereur. Examinons maintenant les principales améliorations qu'il introduisit dans les pays étrangers. Bien différents des autres gouvernements, qui ont toujours traité en pays conquis les provinces qu'ils acquéraient, l'Empereur a fait participer toutes les nations dont il fut le maître aux bienfaits d'une administration éclairée; et les pays qu'il incorpora à la France jouirent à l'instant des mêmes prérogatives que la mère-patrie. Lorsqu'il donnait des couronnes, il imposait toujours deux conditions au roi qu'il nommait : l'inviolabilité de la constitution, et la garantie de la dette publique.

En Italie, il forme un grand royaume qui a son administration, son armée italienne. Tous les emplois administratifs et judiciaires sont remplis par des indigènes. Les troupes ne sont plus composées de mercenaires, de la lie de la nation. Tout homme est appelé à défendre sa patrie; l'armée devient citoyenne. Le souverain ne

puise plus, suivant son caprice, dans le trésor
public; il a sa liste civile. La féodalité, les dî-
mes, les mainmortes, les ordres monastiques sont
détruits : un statut constitutionnel établit trois
colléges, des *possidenti*, des *commercianti*, et des
dotti. On joint donc aux deux premiers colléges qui exigeaient, pour l'admissibilité, une
certaine quotité d'impôts, un troisième collége
dégagé de cette obligation, composé, sous le nom
de collége des savants, de deux cents citoyens
choisis parmi les hommes les plus célèbres dans
tous les genres de sciences, arts libéraux ou mé-
caniques, ou les plus distingués, soit par leurs
doctrines en matières ecclésiastiques, soit par
leurs connaissances en législation, en morale, en
politique, en administration.

Les citoyens sont organisés en garde nationale; le pays divisé en départements, et admi-
nistré par les préfectures et sous-préfectures,
perd cet esprit provincial qui tue la nationalité.
Des lois nouvelles sur la propriété et sur le système hypothécaire simplifient l'administration et
enrichissent le pays. L'agriculture, les sciences
et les arts sont encouragés. On introduit le Code
français, la publicité des procédures en matière
criminelle. Des maisons de travail s'élèvent dans

plusieurs villes pour détruire la mendicité. Des couvents sont changés en hospice. On établit les justices de paix, et le système décimal pour la monnaie, les poids et mesures. L'instruction publique est réglée par une loi, qui la divise pour la partie économique en trois degrés : nationale, départementale et communale ; et pour la partie scientifique, pareillement en trois degrés : transcendante, moyenne et élémentaire ; au-dessus s'élève l'Institut national. Le concordat italien met le pouvoir temporel à l'abri des empiétements du pouvoir ecclésiastique. Les différents liens des peuples d'Italie se resserrent par des communications qui deviennent plus faciles. Les Alpes s'aplanissent, et l'Apennin, coupé par des routes nouvelles, unit le Piémont à la Méditerranée. La gloire italienne se réveille, et pour la première fois depuis César, on voit les légions italiennes fouler en vainqueurs le sol de l'Ibérie. Le nom si beau d'Italie, mort depuis tant de siècles, est rendu à des provinces jusques-là détachées ; il renferme en lui seul tout un avenir d'indépendance.[1]

Napoléon détruisit ces petites républiques qui,

[1] En recevant la députation italienne qui lui apportait la couronne, Napoléon répondit en public à M. Melzi : " J'ai toujours eu l'intention de créer *libre et indépendante* la nation

comme le dit Montesquieu, ne devaient leur existence qu'à la perpétuité de leurs abus. Depuis
les Alpes jusqu'à Otrante, il n'y a plus que trois
grandes divisions : le royaume d'Italie, le royaume
de Naples et les provinces françaises. Napoléon
avait réuni au grand Empire le Piémont, ainsi
que Rome et Florence, dans le but d'habituer
ces peuples à un gouvernement qui fît les hommes
citoyens et soldats. Une fois les guerres finies, il
les aurait rendus à la mère-patrie ; et ces provinces, retrempées par son autorité, se fussent trou-
vées heureuses de passer de la domination française sous un gouvernement italien ; tandis que
si cette grande réorganisation eût été plus hâtive,
ces peuples, que l'action française n'aurait point
préparés à une nationalité commune, auraient
sans doute regretté leurs anciennes individualités
politiques.

La Suisse, en proie à la guerre civile, livrée à
la fois aux terreurs de l'anarchie et aux empiétements de l'aristocratie, est tout à coup pacifiée
par la médiation de Napoléon. Il appelle à lui
les représentants de l'Helvétie, combat l'opinion

italienne. J'accepte la couronne, je la garderai, mais seulement tout le temps que mes intérêts l'exigeront.'' (Voyez
Botta, liv. XXII, page 5.)

de ceux qui voulaient, pour certains cantons seulement, la liberté, pour les autres la dépendance, et ayant discuté longuement les intérêts de chacun en particulier, il leur fait adopter une constitution, qui, tout en consacrant les principes de liberté et de justice, conservait du régime précédent tout ce qui n'etait pas incompatible avec ses principes. Les principales clauses de l'acte de médiation étaient : 1° L'égalité des droits entre les dix-neuf cantons ; 2° la renonciation volontaire aux priviléges de la part des familles patriciennes ; 3° une organisation fédérative, d'après laquelle chaque canton se trouvait constitué suivant sa langue, sa religion, ses mœurs, ses intérêts et son opinion. Aussi la Suisse, qui a dû à l'acte de médiation douze années de calme et de prospérité, a toujours conservé de la reconnaissance pour le médiateur.

L'Allemagne méridionale, affranchie du joug de l'Empire germanique, voit la civilisation s'avancer sous les auspices du Code Napoléon, et au lieu d'être morcelée en deux cent quatre-vingt-quatre États, elle voit ce nombre réduit à trente-un par l'établissement de la Confédération du Rhin.[1]

[1] Seigneuries et souverainetés de l'ancienne Allemagne

La Westphalie, autre germe régénérateur assis
sur l'Elbe, composée de provinces soumises à tous
les abus de la féodalité, reçoit des institutions qui
consacrent l'égalité de tous les citoyens devant la
loi, suppriment tout privilége industriel, tout servage, quel qu'il soit. L'introduction du Code
civil, la publicité des jugements par jury en matière criminelle, sont autant d'améliorations dûes
au régime français. Les fiefs sont déclarés propriétés libres, en conservant à la couronne la re-
versibilité en cas de déshérence. Des dispositions
prévoyantes sont adoptées pour empêcher les
procès que pouvait faire naître l'abolition du servage. Le rachat des rentes et des redevances

ayant voix à la Diète, et dans leur territoire droit de législation et de justice :

Électeurs	9
Princes laïques	61
Princes ecclésiastiques	33
Abbés et abbayes avec droits seigneuriaux .	41
Comtes et seigneurs de l'Empire :	
— en Wettéravie	16
— en Souabe	23
— en Franconie	17
— en Westphalie	33
Souverains	233
Plus, républiques . .	51
Total . .	517

Le décret de Ratisbonne (1803), premier acte de l'empire

féodales est réglé par une loi. Toutes les religions jouissent d'une égale liberté; le culte israélite a aussi son consistoire.

En Bavière, le roi Maximilien donne, en 1808, une constitution qui, en assurant les libertés du peuple, détruisait les priviléges féodaux.

Dans les grands duchés de Bade et de Berg, comme dans les pays d'Erfurth, Fulde, Hanau et Bayreuth, l'influence de l'Empereur fait abolir, en 1808, le servage, le colonat et les droits qui en dérivaient au profit des seigneurs. Les serfs et les colons recouvrent la plénitude des droits civils et le droit de propriété.

germanique, rédigé sous l'influence de Napoléon, réduit ces États au nombre de 147 :

Électeurs	10
Seigneurs ayant voix à la Diète	131
Villes libres	6
Total . .	147

Par la Confédération du Rhin, l'empereur Napoléon médiatisa tous ces princes ; il ne resta plus que 31 États :

Rois	4
Électeur archichancelier	1
Grands ducs	3
Landgrave	1
Princes	11
Ducs	10
Comte	1
En tout	31

La liberté de conscience n'existait pas en Saxe, l'Empereur la fait introduire dans la constitution de ce pays en 1806.

La Pologne, cette sœur de la France, toujours si dévouée, toujours si magnanime, peut espérer une prochaine résurrection, car l'Empereur érige le duché de Varsovie, qui doit servir de noyau à une nationalité complète. La constitution de ce nouveau duché abolit l'esclavage, consacre l'égalité des droits, et place l'état des personnes sous la sauvegarde des tribunaux ; elle y introduit le Code civil français. Le roi de Saxe est choisi comme souverain de Varsovie, parce qu'il est descendant des princes qui avaient régné sur la Pologne : il a auprès de lui, en sa qualité de grand duc de Varsovie, un conseil d'État, composé des Polonais les plus distingués. On décrète un statut constitutionnel, qui assure les priviléges et les libertés du peuple. La Diète générale est formée de deux chambres, celle du sénat et celle des nonces ; elle vote les impôts et discute les lois. Enfin, comme le dit M. Bignon dans un ouvrage où le patriotisme égale le talent, une tribune est élevée à Varsovie au milieu de l'atmosphère silencieuse des gouvernements voisins.

Quoique l'Empereur ait pu disposer arbitrairement de la destinée de tant de peuples, il les fit toujours coopérer eux-mêmes aux lois qu'il leur donnait. Sa conduite est la même à l'égard de tous les pays dont il a changé les anciens gouvernements. En 1800, il fait venir à Lyon les députés de l'Italie du nord, et il discute avec eux la constitution qui doit les régir.[1] En 1805, une autre consulte extraordinaire se réunit à Paris pour constituer le royaume d'Italie. En Hollande, c'est le corps législatif de ce pays qui est chargé de faire la constitution. Pour la Suisse, l'acte de médiation est également l'œuvre des députés des cantons réunis à Paris.

Le système de l'Empereur, qui consistait à appeler près de lui les personnes les plus distinguées d'un pays pour travailler à sa régénération, ayant amené d'aussi heureux resultats pour la Suisse et l'Italie, il résolut de l'appliquer, en 1808, à l'Espagne, qui, plus que toute autre nation, avait besoin d'une résurrection politique.

---

[1] Cette consulte extraordinaire renfermait dans son sein toutes les notabilités de la république, le clergé, la magistrature, les administrations des départments et des cités principales, les chambres de commerce, les académies et les universités, les gardes nationaux et les troupes de ligne; toutes les classes, toutes les professions y avaient envoyé leurs représentants.

L'Empereur ne s'était pas rendu à Bayonne avec l'intention de détrôner les rois d'Espagne ; mais lorsqu'il vit Charles IV et Ferdinand à ses pieds, et qu'il put juger par lui-même de toute leur incapacité, il prit en pitié le sort d'un grand peuple : et, comme il le dit lui-même, il saisit aux cheveux l'occasion que lui présentait la fortune pour reconstituer l'Espagne et l'unir intimement à son système. Il réunit à Bayonne une junte nationale extraordinaire, composée de députés élus par toutes les provinces. Un projet de constitution fut livré à la libre discussion de la junte ; ce projet admettait un sénat, un conseil d'État, des Cortès ou assemblées de la nation, divisées en trois bans ; il adoptait l'ordre judiciaire de la France ; l'égalité était garantie pour le payement des impôts et pour l'admission aux emplois publics : les majorats étaient réduits ; la liberté de la presse était autorisée, deux ans après la mise en activité de la constitution ; enfin, cette Charte garantissait tous les droits que la nation espagnole pouvait désirer, et détruisait tout les vieux abus, tels que l'inquisition, les priviléges féodaux.[1]

[1] En arrivant à Madrid, l'Empereur abolit l'inquisition. Il réduisit les couvents, tout en donnant une existence honorable aux religieux et en augmentant le traitement des curés de

K

En faisant connaître au peuple de la Péninsule ses intentions, l'Empereur lui adressa ces belles paroles : " Espagnols ! après une longue agonie, " votre nation périssait. J'ai vu vos maux, je vais " y porter remède. Je ne veux point régner sur " vos provinces, mais je veux acquérir des droits " éternels à l'amour et à la reconnaissance de " votre postérité. Votre monarchie est vieille, je " veux la rajeunir. J'améliorerai toutes vos " institutions, et je vous ferai jouir, si vous me " secondez, des bienfaits d'une réforme sans " froissement, sans désordre, sans convulsion.— " Espagnols ! j'ai fait convoquer une assemblée " générale de députations des provinces et des " villes. Je veux m'assurer par moi-même de " vos désirs et de vos besoins, et je poserai alors " votre glorieuse couronne sur la tête d'un autre " moi-même, en vous promettant une constitu- " tion qui concilie la facile et salutaire autorité " du souverain avec la liberté et les priviléges du " peuple ; car je veux que vos derniers neveux

campagne. Il supprima les droits féodaux et redevances per- sonnelles. Il transporta les douanes aux frontières. Enfin, l'aliénation de certaines impositions civiles et ecclésiastiques, faite par donation, fut révoquée, et toute justice seigneuriale abolie. (Bignon, tome VIII, page 34.)

"conservent mon souvenir et disent : Il fut le
"régénérateur de notre patrie."

Mais aucune nation n'était moins préparée que
l'Espagne à subir un changement social.   Elle fut
sourde à un aussi noble langage, et repoussa la
seule main qui pouvait la sauver.   Aujourd'hui
elle doit éprouver des regrets d'autant plus amers
que la terrible prédiction de l'Empereur à Sainte-
Hélène s'accomplit : "Je leur eusse épargné,
"a-t-il dit, l'affreuse tyrannie qui les foule, les
"terribles agitations qui les attendent !"

Si la guerre est le fléau de l'humanité, ce fléau
perd une grande partie de sa malheureuse influence quand la force des armes est appelée à
fonder, au lieu de détruire.   Les guerres de
l'Empire ont été comme le débordement du Nil ;
lorsque les eaux de ce fleuve couvrent les campagnes de l'Égypte, on pourrait croire à la dévastation ; mais à peine se sont-elles retirées, que
l'abondance et la fertilité naissent de leur passage !

CHAPITRE V.

BUT OÙ TENDAIT L'EMPEREUR.

Association européenne.—Liberté en France.

Lorsque le sort des armes eut rendu Napoléon maître de la. plus grande partie du continent, il voulut faire servir ses conquêtes à l'établissement d'une confédération européenne.[1]

Prompt à saisir la tendance de la civilisation, l'Empereur en accélérait la marche, en exécutant sur-le-champ ce qui n'était renfermé que dans les lontains décrets de la Providence.   Son génie

---

[1] Il fit précéder l'acte additionnel par ces paroles remarquables : " J'avais, dit-il en parlant du passé, pour but d'organiser un grand système fédératif européen, que j'avais adopté comme conforme à l'esprit du siècle et favorable aux progrès de la civilisation.   Pour parvenir à le compléter, et à lui donner toute l'étendue et toute la stabilité dont il était susceptible, j'avais ajourné l'établissement de plusieurs institutions intérieures plus spécialement destinées à protéger la liberté des citoyens."

lui faisait prévoir que la rivalité qui divise les différentes nations de l'Europe disparaîtrait devant un intérêt général bien entendu.

Plus le monde se perfectionne, plus les barrières qui divisent les hommes s'élargissent, plus il y a de pays que les mêmes intérêts tendent à réunir.

Dans l'enfance des sociétés, l'état de nature existait d'homme à homme ; puis un intérêt commun réunit un petit nombre d'individus, qui renoncèrent à quelques-uns de leurs droits naturels, afin que la société leur garantît l'entière jouissance de tous les autres. Alors se forma la tribu ou la peuplade, association d'hommes où l'état de nature disparut, et où la loi remplaça le droit du plus fort. Plus la civilisation a fait de progrès, plus cette transformation s'est opérée sur une grande échelle. On se battait d'abord de porte à porte, de colline à colline ; puis l'esprit de conquête et l'esprit de défense ont formé des villes, des provinces, des États ; et un danger commun ayant réuni une grande partie de ces fractions territoriales, les nations se formèrent. Alors l'intérêt national embrassant tous les intérêts locaux et provinciaux, on ne se battit plus que de peuple à peuple ; et chaque peuple à son tour s'est promené triomphant sur le territoire de son voisin, lorsqu'il a eu un grand homme à sa tête et une grande cause derrière lui. La commune, la ville, la province, ont donc, l'une après l'autre, agrandi leur sphère sociale, et reculé les limites du cercle au delà duquel existe l'état de nature. Cette transformation s'est arrêtée à la frontière de chaque pays; et c'est encore la force et non le droit qui décide du sort des peuples.

Remplacer entre les nations de l'Europe l'état de nature par l'état social, telle était donc la pensée de l'Empereur; toutes ses combinaisons politiques tendaient à cet immense résultat; mais pour y arriver, il fallait amener l'Angleterre et la Russie à seconder franchement ses vues.

"Tant qu'on se battra en Europe, a dit Napo- "léon, cela sera une guerre civile."

"La sainte alliance est une idée qu'on m'a "volée," c'est-à-dire la sainte alliance des peuples par les rois et non celle des rois contre les peuples: là est l'immense différence entre son idée et la manière dont on l'a réalisée. Napoléon avait déplacé les souverains dans l'intérêt momentané des peuples; en 1815, on déplaça les peuples dans l'intérêt particulier des souverains. Les hommes d'État de cette époque, ne consultant que des rancunes ou des passions, basèrent un équilibre européen sur les rivalités des grandes puissances, au lieu de l'asseoir sur des intérêts généraux ; aussi leur système s'est-il écroulé de toutes parts.

La politique de l'Empereur, au contraire, consistait à fonder une association européenne solide, en faisant reposer son système sur des nationalités complètes et sur des intérêts généraux satisfaits. Si la fortune ne l'eût pas abandonné, il aurait eu dans ses mains tous les moyens de constituer l'Europe ; il avait gardé en réserve des pays entiers dont il pourrait disposer pour atteindre son but. Hollandais, Romains, Piémontais, habitants de Brême et de Hambourg, vous tous qui avez été étonnés de vous trouver Français, vous rentrerez dans l'atmosphère de nationalité qui convient à vos antécédents et à votre position ; et la France, en cédant les droits que la victoire lui avait donnés sur vous, agira encore dans son propre intérêt ; car son intérêt ne peut se séparer de celui des peuples civilisés. Pour cimenter l'association européenne, l'Empereur, suivant ses propres paroles, eût fait adopter un code européen, une cour de cassation européenne, redressant pour tous les erreurs, comme la cour de cas-

sation en France redresse les erreurs de ses tribunaux. Il eût fondé un Institut européen pour
animer, diriger et coordonner toutes les associa-
tions savantes en Europe.[1] L'uniformité des
monnaies, des poids, des mesures, l'uniformité de
la législation, eussent été obtenues par sa puissante intervention.

La dernière grande transformation eût donc
été accomplie pour notre continent. Et de même
que dans le principe les intérêts communaux s'é-
taient élevés au-dessus des intérêts individuels;
puis les intérêts de cité au-dessus des intérêts de
communes, les intérêts de province au-dessus des
intérêts de cité; enfin, les intérêts de nation au-
dessus des intérêts de province; de même aussi,

---

[1] L'Empereur avait déjà commencé cette espèce d'association européenne pour les sciences, en donnant des prix européens pour les découvertes ou inventions nouvelles. Malgré
l'état de guerre, Davy à Londres, et Hermann à Berlin, ga-
gnèrent des prix créés par l'Institut.

Dans une même pensée de confraternité européenne, l'Empereur fit déclarer, par un sénatus-consulte du 21 février 1808,
que ceux qui auraient rendu ou rendraient des services impor-
tants à l'État, ou qui apporteraient dans son sein des talents,
des inventions, ou une industrie utile, ou qui formeraient de
grands établissements, pourraient, après un an de domicile,
être admis à jouir du titre de citoyen français, qui leur serait
conféré par un décret.

les intérêts européens auraient dominé les intérêts nationaux ; et l'humanité eût été satisfaite ;
car la Providence n'a pu vouloir qu'une nation ne
fût heureuse qu'aux dépens des autres, et qu'il
n'y eût en Europe que des vainqueurs et des
vaincus, et non des membres réconciliés d'une
même et grande famille.

L'Europe .napoléonienne fondée, l'Empereur
eût procédé en France aux établissements de paix.
Il eût consolidé la liberté ; il n'avait qu'à détendre les fils du réseau qu'il avait formé.

Le gouvernement de Napoléon, plus que tout
autre, pouvait supporter la liberté, par cette
unique raison que la liberté eût affermi son trône,
tandis qu'elle renverse les trônes qui n'ont pas de
base solide.

La liberté eût affermi sa puissance, parce que
Napoléon avait établi en France tout ce qui doit
précéder la liberté ;[1] parce que son pouvoir reposait sur la masse entière de la nation ; parce
que ses intérêts étaient les mêmes que ceux du
peuple ; parce qu'enfin la confiance la plus entière régnait entre les gouvernants et les gouvernés.

En effet, sans intérêts identiques, sans con

[1] Voyez le commencement du troisième chapitre, page 21.

fiance absolue, aucune autorité n'est possible ;
car quelque bien que fasse ou veuille faire un
gouvernement, il est condamné à périr si on
prête à tous ses actes des intentions coupables.
" L'une des qualités indispensables d'un gouver-
" nement, a dit M. Thiers,[1] c'est d'avoir cette
" bonne renommée qui repousse la justice.
" Quand il l'a perdue et qu'on lui impute tout à
" crime, les torts des autres et ceux mêmes de
" la fortune, il n'a plus la faculté de gouverner,
" et cette impuissance doit le condamner... à se
" retirer."

En Angleterre, en 1687, le défaut de confiance
du peuple envers le souverain amena de funestes
conséquences. Le roi Jacques II publia de sa
propre autorité une déclaration de liberté de conscience pour tous ses sujets ; mais la nation se
méfia des intentions du souverain, et, croyant qu'il
voulait par là favoriser le triomphe du catholi-
cisme, elle fut indignée d'un acte qu'elle suppo-
sait dicté par la duplicité, quoique le principe en
fût juste et généreux.

L'empereur Napoléon, au contraire, possédant
la confiance illimitée du peuple, tout lui était
facile. Il avait d'abord surmonté la plus grande

---

[1] *Histoire de la Révolution*, tome X, page 276.

difficulté, et jeté les principaux fondements d'un établissement solide, en réconciliant entre eux tous les membres de la famille française. Tous étaient d'accord sur la base fondamentale de la constitution. Les intérêts de la majorité se confondaient à un tel point dans ceux de la dynastie de Napoléon, qu'en 1811, à l'endroit même où quelques années auparavant on avait juré haine implacable à la royauté, on vit tout Paris, toute la France saluer de ses acclamations la naissance d'un enfant, parce que cet enfant paraissait être un gage de la durée et de la stabilité du gouvernement impérial.

Aimé surtout des classes populaires, Napoléon pouvait-il craindre de donner des droits politiques à tous les citoyens? Lorsque, nommé consul à vie, il rétablit le principe du droit d'élection, il proféra ces paroles remarquables : " Pour la *sta-* " *bilité* du gouvernement, il faut que le peuple " ait plus de part aux élections." Ainsi, déjà en 1803, Napoléon prévoyait que la liberté fortifierait son pouvoir : ayant ses plus chauds partisans dans le peuple, plus il abaissait le cens electoral, plus ses amis naturels avaient de chances d'arriver à l'assemblée législative ; plus il donnait de pouvoir aux masses, plus il affermissait le sien

La libertĕ de discussion dans les chambres n'eût pas eu non plus d'effets dangereux pour le gouvernement impérial ; car tous étant d'accord sur les questions fondamentales, l'opposition n'eût servi qu'à faire naître une noble émulation, et au lieu de dépenser son énergie à provoquer au renversement, elle aurait borné ses efforts à améliorer.

Enfin la liberté de la presse n'eût servi qu'à mettre en évidence la grandeur des conceptions de Napoléon, qu'à proclamer les bienfaits de son règne. Général, consul, empereur, ayant tout fait pour le peuple, eût-il craint qu'on lui reprochât des conquêtes qui n'avaient eu pour résultat que la prospérité et la grandeur de la France, que la paix du monde ? Non, ce n'était pas un gouvernement resplendissant de lauriers civils et militaires qui pouvait redouter le grand jour ! Plus une autorité a de force morale, moins l'emploi de la force matérielle lui est necessaire ; plus l'opinion lui confère de pouvoir, plus elle peut se dispenser d'en faire usage.

Répétons-le donc, l'identité des intérêts entre le souverain et le peuple, voilà la base essentielle d'une dynastie. Un gouvernement est inébranlable quand il peut se dire : Ce qui profitera au plus

grand nombre, ce qui assurera la liberté des citoyens et la prospérité du pays, fera aussi la force
de mon autorité et consolidera mon pouvoir.
Mais lorsqu'un gouvernement n'a ses partisans
que dans une seule classe, que la liberté ne donne
des armes qu'à ses ennemis, comment peut-on espérer de lui qu'il étende le système d'élection,
qu'il favorise la liberté ? Peut-on demander à
un gouvernement qu'il se suicide lui-même ?

Ainsi, avec Napoléon, on arrivait sans secousses
et sans troubles à un état normal, où la liberté
eût été le soutien du pouvoir, la garantie du bien-
être général, au lieu d'être une arme de guerre,
une torche de discorde.

C'est avec l'impression que laisse un rêve eni-
vrant qu'on s'arrête sur le tableau de bonheur
et de stabilité qu'eût présenté l'Europe si les
vastes projets de l'Empereur eussent été accomplis. Chaque pays, circonscrit dans ses limites
naturelles, uni à son voisin par des rapports d'intérêt et d'amitié, aurait joui à l'intérieur des
bienfaits de l'indépendance, de la paix et de la liberté. Les souverains, exempts de crainte et de
soupçon, ne se seraient appliqués qu'à améliorer
le sort de leurs peuples, et à faire pénétrer chez
eux tous les avantages de la civilisation

Au lieu de cela, qu'avons-nous maintenant en Europe ? Chacun en s'endormant le soir craint le réveil du lendemain ; car le germe du mal est partout, et toute âme honnête redoute presque le bien, à cause des sacrifices qu'il faudrait pour l'obtenir.

Hommes de la liberté, qui vous êtes réjouis de la chute de Napoléon, votre erreur a été funeste ! Que d'années s'écouleront encore, que de luttes et de sacrifices avant que vous soyez arrivés au point où Napoléon vous avait fait parvenir !

Et vous, hommes d'état du congrès de Vienne, qui avez été les maîtres du monde sur les débris de l'Empire, votre rôle aurait pu être beau, vous ne l'avez pas compris ! Vous avez ameuté, au nom de la liberté et même de la licence, les peuples contre Napoléon ; vous l'avez mis au ban de l'Europe comme un despote et un tyran ; vous avez dit avoir délivré les nations et assuré leur repos. Elles vous ont crus un moment ; mais on ne bâtit rien de solide sur un mensonge et sur une erreur ! Napoléon avait fermé le gouffre des révolutions : vous l'avez rouvert en le renversant. Prenez garde que ce gouffre ne vous engloutisse !

CHAPITRE VI.

CAUSE DE LA CHUTE DE L'EMPEREUR.

Nous avons montré dans les chapitres précédents toutes les chances de durée qu'avaient les créations impériales. Mais, dira-t-on, l'édifice que vous trouvez si solide à l'intérieur a été renversé. Cette politique étrangère que vous trouvez si profonde a été la cause de sa ruine ?

A cela nous répondons : L'édifice à l'intérieur était solide ; car ce n'est pas de l'intérieur qu'est venu le choc qui l'a renversé ; quant au systéme conçu par l'Empereur, il n'a pu s'établir définitivement, et pour apprécier sa force, il eût fallu d'abord qu'il eût été mis en pratique.

L'Empereur est tombé parce qu'il a achevé trop tôt son ouvrage, parce que les événements se pressant avec trop de rapidité, il vainquit, pour ainsi dire, trop promptement. Devançant par son génie et le temps et les hommes, heureux, on le crut un dieu ; malheureux, on ne vit plus que sa témérité. Emporté par le flot de la victoire, Napoléon ne put être suivi dans son rapide essor par les philosophes, qui, bornant leurs idées au cercle étroit du foyer domestique, pour un rayon de liberté, aidèrent à étouffer le foyer même de la civilisation.

D'un autre côté, les peuples étrangers, impatients des maux momentanés de la guerre, oublièrent les bienfaits que Napoléon leur apportait, et pour un mal passager, ils repoussèrent tout un avenir d'indépendance. C'est qu'il n'était pas donné, même au plus grand génie des temps modernes, de pouvoir, en quelques années, détruire à l'étranger toutes les préventions, persuader toutes les consciences.

La France avait trop grandi par la révolution pour ne pas éveiller des rivalités et des haines ; pour les calmer, il eût fallu descendre dès le commencement de l'Empire. Ces mêmes rivalités firent, au contraire, monter Napoléon jusqu'à l'apogée de sa puissance ; quand ensuite il fut obligé de descendre, il ne lui fut plus possible de s'arrêter.

Le temps n'ayant point cimenté ses alliances,

ni effacé le souvenir de rancunes trop récentes, au premier échec, ses alliés se tournèrent contre lui. Trompé dans ses prévisions, l'Empereur ne voulut plus adhérer à des propositions qu'il ne croyait pas sincères ; les étrangers, de leur côté en voyant Napoléon toujours plus fier après une défaite, pensèrent qu'il ne consentirait jamais à une paix définitive.

Napoléon n'est tombé que parce que ses projets s'agrandissant en proportion des éléments qu'il avait à sa disposition, il voulut, en dix ans d'empire, faire l'ouvrage de plusieurs siècles.

Ce n'est donc pas par impuissance que l'Empereur a succombé, mais par épuisement ; et, malgré des revers effroyables, des calamités sans nombre, le peuple français l'a toujours affermi par ses suffrages, soutenu par ses efforts, encouragé par son attachement.

C'est une consolation pour ceux qui sentent le sang du grand homme couler dans leurs veines, que de penser aux regrets qui ont accompagné sa disparition. Elle est grande et enorgueillissante la pensée qu'il a fallu tous les efforts de l'Europe combinée pour arracher Napoléon à cette France qu'il avait rendue si grande ! Ce n'est pas le peuple français en courroux qui a sapé son trône,

il a fallu à deux fois douze cent mille étrangers
pour briser le sceptre impérial !

Ce sont pour un souverain de belles funérailles
que celles où la patrie éplorée et la gloire en deuil
l'accompagnent à son dernier séjour !

CHAPITRE VII.

CONCLUSION.

La période de l'Empire a été une guerre à mort de l'Angleterre contre la France. L'Angleterre a triomphé ; mais, grâce au génie créateur de Napoléon, la France, quoique vaincue, a moins perdu matériellement que l'Angleterre. Les finances de la France sont encore les plus prospères de l'Europe ; l'Angleterre plie sous le poids de sa dette. L'élan donné à l'industrie et au commerce ne s'est point arrêté malgré nos revers ; aujourd'hui le continent européen se fournit par lui-même de la plupart des produits que lui fournissait autrefois l'Angleterre.

Or, maintenant, nous le demandons, quels sont les plus grands hommes d'État, ceux qui ont gouverné des pays qui ont gagné malgré leur défaite, ou ceux qui ont régi des contrées qui ont perdu malgré leur victoire ?

La période de l'Empire était une guerre à mort contre le vieux système européen. Le vieux système a triomphé ; mais, malgré la chute de Napoléon, les idées napoléoniennes ont germé partout. Les vainqueurs mêmes ont pris les idées des vaincus, et les peuples se consument en efforts pour refaire ce que Napoléon avait établi chez eux.

En France, on réclame sans cesse, sous d'autres noms ou d'autres formes, la réalisation des idées de l'Empereur. Si une grande mesure où un grand travail s'exécute, c'est généralement un projet de Napoléon qu'on exécute ou que l'on termine. Tout acte du pouvoir, toute proposition des chambres se met toujours sous l'égide de Napoléon pour se rendre populaire ; et, sur un mot tombé de sa bouche, on bâtit tout un système.

L'Italie, la Pologne, ont cherché à recouvrer cette organisation nationale que Napoléon leur avait donnée.

L'Espagne verse à grands flots le sang de ses enfants pour rétablir les institutions que la consulte de Bayonne de 1808 garantissait. Les troubles qui l'agitent ne sont que la réaction qui s'exerce d'elle-même contre leur résistance à l'Empereur.

A Londres aussi la réaction a eu lieu, et l'on a

vu le major général de l'armée française à Waterloo fêté par le peuple anglais à l'égal du vainqueur.

La Belgique, en 1830, a manifesté hautement son désir de redevenir ce qu'elle était sous l'Empire.

Plusieurs pays d'Allemagne réclament les lois que Napoléon leur avait données.

Les cantons suisses, d'un commun accord, préfèrent au pacte qui les lie l'acte de médiation de 1803.

Enfin nous avons vu, même dans une république démocratique, à Berne, les districts qui avaient autrefois appartenu à la France réclamer, en 1838, du gouvernement bernois les lois impériales dont l'incorporation à cette République les avait privés depuis 1815.

Demandons-le donc aussi, quels sont les plus grands hommes d'État, ceux qui fondent un système qui s'écoule malgré leur toute-puissance, ou ceux qui fondent un système qui survit à leur défaite, et qui renaît de ses cendres ?

Les idées napoléoniennes ont donc le caractère des idées qui règlent le mouvement des sociétés, puisqu'elles avancent par leur propre force, quoique privées de leur auteur : semblables à un corps qui, lancé dans l'espace, arrive par son propre poids au but qui lui était assigné.

Il n'est plus besoin maintenant de refaire le système de l'Empereur, il se refera de lui-même; souverains et peuples, tous aideront à le rétablir, parce que chacun y verra une garantie d'ordre, de paix et de prospérité.

Où trouver d'ailleurs, aujourd'hui, cet homme extraordinaire qui imposait au monde par le respect dû à la supériorité des conceptions?

Le génie de notre époque n'a besoin que de la simple raison. Il y a trente ans il fallait deviner et préparer; maintenant il ne s'agit que de voir juste et de recueillir.

"Dans les faits contemporains, comme dans "les faits historiques, a dit Napoléon, on peut "trouver des leçons, rarement des modèles." On ne saurait copier ce qui s'est fait, parce que les imitations ne produisent pas toujours les ressemblances.

En effet, copier dans ses détails, au lieu de copier dans son esprit, un gouvernement passé, ce serait agir comme un général qui, se trouvant sur le même champ de bataille où vainquit Napoléon ou Frédéric, voudrait s'assurer le succès en répétant les mêmes manœuvres.

En lisant l'histoire des peuples, comme l'histoire des batailles, il faut en tirer des principes généraux, sans s'astreindre servilement à suivre pas à pas une trace qui n'est pas empreinte sur le sable, mais sur un terrain plus élevé, les intérêts de l'humanité.

Répétons-le en terminant, l'idée napoléonienne n'est point une idée de guerre, mais une idée sociale, industrielle, commerciale, humanitaire. Si pour quelques hommes elle apparaît toujours entourée de la foudre des combats, c'est qu'elle fut en effet trop longtemps enveloppée par la fumée du canon et la poussière des batailles. Mais aujourd'hui les nuages se sont dissipés, et on entrevoit à travers la gloire des armes une gloire civile plus grande et plus durable.

Que les mânes de l'Empereur reposent donc en paix ! sa mémoire grandit tous les jours. Chaque vague qui se brise sur le rocher de Sainte-Hélène apporte, avec un souffle d'Europe, un hommage à sa mémoire, un regret à ses cendres, et l'echo de Longwood répète sur son cercueil : "Les "peuples libres travaillent partout a re- "faire ton ouvrage !"

LONDRES :

IMPRIMERIE DE JOHN E. TAYLOR,

LITTLE QUEEN STREET, W. C.

www.ingramcontent.com/pod-product-compliance
Lightning Source LLC
Chambersburg PA
CBHW052053090426
42739CB00010B/2154